Palabras a mi mejor amiga

NEKANE GONZÁLEZ
@caricias_emocionales

Palabras a mi mejor amiga

Notas a mí misma para
encontrar el camino de
regreso a casa

AGUILAR

Papel certificado por el Forest Stewardship Council®

MIXTO
Papel procedente de
fuentes responsables
FSC® C117695

Penguin
Random House
Grupo Editorial

Primera edición: enero de 2023

Printed in Spain – Impreso en España

ISBN: 978-84-03-52328-9
Depósito legal: B-20.249-2022

Compuesto en Mirakel Studio, S. L. U.

Impreso en Gomez Aparicio, S. L.
Casarrubuelos (Madrid)

AG 2 3 2 8 9

A todas las mujeres que habitan en mí.

*En especial, a aquellas que nos mantenemos
en la misma lucha diaria:
poder llegar a mirarnos al completo a través
de los ojos de nuestra mejor amiga.*

*A ti,
la chica de la valentía infinita.*

Si las palabras crean realidades,
construyamos una donde el mundo
sea un lugar más amable.
Sobre todo, el propio: nuestro mundo interior.

@caricius_emocionales

NOTA DE LA AUTORA

Existen muchos tipos de palabras, pero todas ellas tienen algo en común: su capacidad para crear realidades cuando las ordenamos. En el momento oportuno pueden hacernos sentir felicidad, apoyo y consuelo y, por el contrario, en otros momentos pueden llegar a dañarnos, arañarnos por dentro y provocarnos una herida difícil de cicatrizar.

Ahí reside su magia: unas palabras a tiempo nos permiten hacer tangible lo invisible, tejer vínculos entre las personas y acariciar un sentimiento. Y es que la palabra y la magia son dos regalos inseparables dentro de una misma caja y las manos que la regalan el lazo rojo que lo hace único y especial.

Palabras a mi mejor amiga es un abrazo a tiempo, luz en momentos oscuros, brújula cuando te sientes perdida, subtítulos al corazón cuando las palabras se hacen un nudo, memoria emocional para recordar lo importante, bálsamo en la herida, justicia contigo misma cuando eres tu peor enemiga, bandera blanca en tus batallas personales y hogar cuando no sabes cómo regresar a ti.

Es reivindicar la vulnerabilidad y la ternura a través de las palabras.

Abrazar. Apoyar. Acortar distancia. Animar. Transmitir amor. Hacer sentir importante. Reír. Emocionar. Acariciar. Sostener. Imaginar. Llorar. Alentar. Estremecer. Abrir los ojos. Sanar. Acompañar. Confiar. Sentirse comprendida.

En definitiva, empatía y conexión de la mano de tu mejor amiga.

El libro que sostienes entre tus manos reúne palabras a la vida y a aquello que nos mantiene con vida. A quien cura la herida, pero también la celebra, la acaricia y te reescribe su historia con palabras más bondadosas de las que tú has utilizado. Para que quede un recuerdo bonito. Un aprendizaje completo, con lo amargo de la caída y lo dulce de ponerse en pie y sentir la brisa acariciando tu cara.

Poniendo el foco en la cara amable de nuestra existencia.

En lo auténtico.

En lo incondicional.

Esas amigas que están siempre ahí, aunque no habléis a menudo. Esas con las que estás en contacto a diario o las que responden días después como si no hubiera pasado una semana. Esas con las que te comunicas a través de *memes* o con las que hablas por mil plataformas y redes a la vez. A las que ves poco, pero que siguen siendo hermanas y con las que no cuestionas la amistad a pesar de la distancia. Con las que quedas para tomar café y arreglar un mal día. Aquellas que te conocen al detalle y, a pesar de todos tus defectos, se quedan. Las que no son perfectas pero sí reales. Con las que te ríes de algo que nadie más entiende. Con las que tienes anécdotas, recuerdos y la complicidad de un lenguaje propio. Las que protegen tus secretos, sueños y dramas. Con las que hablas mil veces del mismo tema y, aun así, te escuchan como la primera vez y no te juzgan. Con aquellas que te imaginas de viejita y a las que, cuando ves a dos ancianas por la calle, les dices: *ellas podríamos ser tú y yo de mayores*. Aquellas amigas de la infancia y las que conoces desde hace menos tiempo, pero que se han convertido en incondicionales.

Todas ellas son la familia elegida.
Si todo lo que se escribe se hace tangible, hagamos existir la red de apoyo más bonita del mundo: nakama.

仲間

«NAKAMA», LA FAMILIA ELEGIDA.

✳✳✳

Nakama, 仲間, es una palabra japonesa formada por dos ideogramas: [仲] que significa *relación* y [間] que simboliza *espacio o tiempo*.

No existe una traducción exacta de la palabra *nakama* en nuestro idioma, aunque sería algo parecido a la *familia elegida*. Te invito a que la uses tal cual, como una forma de decirle a una persona a la que quieres que es alguien importante para ti.

Pero…, espera espera. Si nuestras personas *nakama* pueden elegirse… ¿qué tal si nos incluimos a nosotras mismas en el recuento? Quizá todo sería más sencillo si con más frecuencia fuéramos capaces de tendernos la mano, hablarnos y abrazarnos como aquello que somos: nuestra mejor amiga.

Este libro tiene distintas formas de leerse: puedes hacerlo en orden o abrirlo al azar por cualquier página. Este libro es libre. Como tú.

Eso sí, a cambio, cuando lo hagas, te pido que leas cada texto dos veces. Una de ellas pensando en esa amiga a quien le regalarías sus palabras, quizá porque esté pasando por un mal momento, tal vez porque quieres expresarle cuán especial es en tu vida o, sencillamente, porque te recordó a ella. Luego léelo pensando en ti, porque está concebido como un remedio, un lugar que alivia, cura y abraza; y, sobre todo, que te ayuda a ser consciente de aquello que en ocasiones el dolor o las propias circunstancias son incapaces de hacerte ver: la valía que llevas dentro.

Y es que, a menudo somos nuestras peores enemigas. A pesar de que pueda parecer obvio, a veces necesitamos que nos recuerden lo importante, ya que, desgraciadamente, en esto de querernos mucho y bien, la mirada más crítica es la propia: mientras bajamos los listones para el resto, nosotras nos ponemos los propios a alturas de vértigo.

Te confieso una cosa: este libro lo he escrito para mí misma. Para acallar los pensamientos internos cuando tomaban el control y me decían en alto que no era suficiente, que no era capaz y que, por más que lo intentara, jamás podría desplegar mis alas.

Ojalá llegue a tiempo a quien más lo necesite. Porque, aunque seamos únicas, nos atraviesan historias similares y, en consecuencia, nos unen sentimientos parecidos.

El tiempo por sí solo calma, no cura. Así que unas palabras a tiempo mientras nos recomponemos pueden ser el abrazo que una las rasgaduras y ayude a cicatrizar la herida.

Y, ¿sabes qué? Que tengo la intuición de que, como a mí, a ti también te ha pasado. *Palabras a mi mejor amiga* principalmente y sobre todo es para ti.

Porque tu mejor amiga
en primer lugar
eres tú
contigo.

Porque dentro de cada una de nosotras habita una mujer que debemos descubrir y que nos mostrará una realidad que muchas veces ignoramos: todo está bien en ti. En nosotras.

Que este libro sea tu propia bandera blanca y te ayude a hacer las paces con quien te va a acompañar en todas tus guerras: contigo misma.

Por ti y por todas tus compañeras,
pero por ti primera.

Siempre.

EL MAYOR DESAMOR que vamos a sentir en nuestra vida probablemente sea la ruptura con nosotras mismas.

¿Conoces ese sigiloso proceso en el que no te das cuenta de que te estás alejando de ti, en el que vas cediendo tu espacio a los demás, en el que vas restándote poquito a poco mientras tus pasos transitan camino impropio? Esos momentos en los que no honras tus valores, no respondes de acuerdo a tus principios, en los que pretendes contentar a todos menos a ti y, en definitiva, priorizas el amor ajeno al propio.

Si, al igual que yo, te has alejado de ti y necesitas un retorno, te invito a que nos acompañemos juntas y así hacer el camino inverso:

El camino de vuelta a casa.

Para no caminar sola, aliviar la vida y todo aquello que te atraviesa por dentro. Para así, quizá, volver a mirarte con cariño, abrazarte, darte la mano y decirte a ti misma sin titubeos:

Hola de nuevo.
Prometo no alejarme más de ti.

Ojalá cada persona
al mirarse al espejo y enfrentarse a la vida
se quisiera, aceptara y abrazara
por el simple hecho de existir.

@caricias_emocionales

LA VIDA NOS REGALA numerosas oportunidades de aprendizaje.

Te cambia planes, te descoloca expectativas, te sorprende con momentos inesperados y reescribe escenas del guion que tenías plasmado en tu cabeza.

Quizá para que aprendas a aceptar las cosas como vienen, a bailar con la incertidumbre o a asumir tu parte en aquello que te ocurre.

Se lleva a personas que querías tener cerca para que conserves su esencia y no su presencia.

Te repite historias cuando te quedan lecciones importantes por aprender, sostener o hacer tangibles.

Te ofrece retos para mirar de frente a tus miedos y así descubrir la valentía que se esconde tras el primer paso adelante.

Te pone ante situaciones duras para que apeles a la fortaleza que pensabas que no llevabas dentro.

Y, por suerte, a menudo también te regala una mano amiga para recordarte que, a pesar de los tropiezos, todo está bien en ti.

Que no hace falta entenderlo todo.
Que vas bien.

Y que seguirás bien siempre que no descuides aquello que te mueve por dentro y seas fiel a ti misma.

A menudo, en general, la vida te muestra que eres más capaz de lo que imaginabas.

Que puedes y que podrás.
Aunque a veces no lo veas.

Que lo malo no dura cien años, pero que lo bueno tampoco.

Por eso la vida, en definitiva, es un recordatorio constante de que este viaje tiene fecha de caducidad y de ti depende vivirlo.

Con todo y a pesar de todo.

DE VEZ EN CUANDO ME PREGUNTO qué sería hoy de mi vida si no hubiera tomado algunas decisiones. Sin aquel *sí,* aquel *no,* aquel *adiós,* aquel *necesito ayuda,* aquel *¿y por qué no?* o aquel *no sé cómo saldrá, pero voy con todo.*

Supongo que la mejor respuesta es observar a mi alrededor y sentir que todo funciona, que estoy donde quiero estar y que en mi trocito de libertad y felicidad mando yo.

Que me siento orgullosa de que *dime con quién andas y te diré quién eres,* sea, literalmente, más verdad que nunca.

Que por fin aprendí a aceptar que todo lo que sucede, de una forma u otra, conviene y te empuja despacito fuera de tu zona segura para que crezcas.

Por dentro.

Y que, en definitiva, no necesito más
para seguir viviendo,
para seguir avanzando,
para seguir atreviéndome.

Para valorar que la vida está aquí y ahora. Y que es, sencillamente, esto:

Avanzar. Seguir. Estar cerquita de quien te suma y lejos de quien resta. Equivocarse. Rectificar. Perdonarse. Aprender. Aceptar. Reír. Disfrutar. Sorprenderse. Crecer. Superarse. Cuidar. Querer. Atreverse. Valorar. Escuchar. Acariciar. Estar presente.

Ser buena persona. Portarse bien con los demás. Dejar huellas de amabilidad allá por donde camines, pues, al igual que tú, cada uno vive sus propias batallas invisibles.

Y, sobre todo, ser justa con una misma. Porque es la mejor forma de dejar más bonito un mundo al que a veces se le olvida que sus esencias más auténticas son el amor, la empatía y la bondad.

No sé qué sería hoy de mi vida si no hubiera tomado algunas decisiones, pero tampoco quiero saberlo.

Porque voy por buen camino.

El
mío
propio.

Con coherencia, honestidad y sencillez.

Y con eso me basta.

A veces la mejor forma de avanzar
es parar y estar contigo misma.

TE HE VISTO REÍR, llorar, temblar y ser valiente. Te he visto tirar la toalla un instante y recogerla del suelo porque esa opción jamás irá contigo. Te he visto luchar por aquello que sueñas, equivocarte en el intento, aprender lentamente y volver a fallar rápido. Pero también te he visto capaz de resurgir ante cualquier contratiempo con más fuerza aún si cabe.

Y, si hablamos de ver algo realmente valiente, te he visto, incluso, volver a poner encima de la mesa la ilusión que con tanto cariño guardabas para no regalarla a cualquiera.

Porque te costó mucho recuperarla.
Tanto como a ti misma.

Pero tengo una mala noticia: ni ser buena persona ni ofrecer lo mejor de ti ni tener amor propio te asegura que las cosas vayan a salir bien. Sé que duele y que, en ocasiones, es difícil de asimilar, pero en la vida, al igual que en el amor, es necesario dejar un margen a la posibilidad de perder.

Y si llega ese momento necesitarás estar fuerte. Muy fuerte. Y seguir siendo buena persona. Sobre todo, y más que nunca, contigo misma. Porque de eso se trata: de estar lo mejor posible por dentro para cuando las cosas vayan mal ahí fuera.

Respira, confía, aprende, levanta y sigue.

Ojalá la vida, las circunstancias y las personas que te vayas cruzando por el camino no te hagan perder esa parte tan auténtica de ti.

Porque lo que hoy piensas que es tu punto débil es aquello que siempre te hará fuerte.

Y es que, en un mundo que pareciera que busca la dificultad de aquello que le acontece, la bondad, la autenticidad y la sencillez siempre serán el camino para sentirte, como mínimo, en paz contigo misma.

Y teniendo eso eres y serás invencible.

Cuidar la autoestima es similar
a limpiar la mirada hacia una misma:
regalarte amabilidad al hablarte en privado
y escoger siempre el autocuidado
debajo de la piel.

@caricias_emocionales

Nunca sabes cuándo será la última vez: un día estás tan tranquila y al día siguiente todo cambia. Supongo que la mejor manera de vivir es darte cuenta de que la vida puede dar muchas vueltas, pero siempre hay que tener cerca a aquellas personas que quieran darlas contigo.

A pesar del vértigo.
Abrazándote fuerte pase lo que pase.

Sin embargo, cuando menos te lo esperas, la vida cambia el guion de golpe y baja el telón, llevándose a personas que no merecían un final tan repentino.

Y es que lo importante nunca avisa.

A veces nos quedamos con una necesaria despedida en la punta de la lengua, no llegamos a tiempo a un último abrazo o se nos escapa la última oportunidad de decir lo importante.

Supongo que días como hoy son un recordatorio de que vivir es mucho más que estar vivo y es inevitable echar la vista atrás y pensar sobre la vida.

Sobre el sentido de todo esto.

Sobre todo aquello que habita bajo la piel.
Sobre dónde descansa la felicidad.

O en qué lugar está lo importante.

Y es que nacemos con la ventaja de saber que este viaje tiene un final y, aun así, nos empeñamos en evitar cualquier golpe, rasguño o herida. Y todavía creemos que podremos llegar a la meta impolutos, perfectos y sin cicatrices.

Supongo que con frecuencia olvidamos que un día estás y, ojalá no pase, pero mañana igual no.

Supongo, también, que creemos tener alrededor un halo intocable y pensamos que «a nosotros» nunca nos va a pasar lo mismo que al vecino. Incluso aunque lo veamos de cerca con nuestros propios ojos.

Pero nos engañamos dando la espalda a lo evidente.
Y a la vida.

Porque somos tocables.
En absolutamente todos los sentidos.

Y ese es motivo suficiente para ejercer el derecho más importante y urgente de todos:

Vivir con las todas las consecuencias.

HAY ALGO QUE TE HACE tremendamente valiosa. En un mundo donde todos cargamos con mochilas pasadas, pesadas y ajenas, tú, sin embargo, haces lo que pocos saben: vaciar la tuya de restos y no convertirte en aquello que te hicieron. Sobre todo, esto último: no convertirte en aquello que te hicieron.

Porque esa sería la opción fácil: mentira por mentira, daño por daño.

Y es que, a veces, nos curamos la herida en el lugar equivocado. O, peor aún: se nos olvida curarnos la herida. Y, cuando saltan las costuras mal cosidas en el pasado por la urgencia y la prisa de no sentir dolor, hacemos daño a quien poco o nada tiene que ver con nuestro daño ni con quien, por aquel entonces, lo provocó.

Y, así, casi sin darnos cuenta, vamos dejando un poquito de ella en todas las personas con las que nos relacionamos, olvidando que la cura no está en su rastro, sino aquí: justo en tus ganas de querer cerrarla.

Y ahí vamos, con las costuras abiertas por la vida, porque cerrar etapas, heridas y personas requiere paciencia, valentía y dolor.

Pero tú no.

En un mundo donde el *ojo por ojo* nos deja a todos ciegos, tú regalas la oportunidad y la mirada amable de quien sabe que detrás de un incomprensible o mal comportamiento siempre hay una historia que lo sostiene.

En un mundo donde es más fácil huir si algo se tuerce o se rompe, tú, sin embargo, tienes la delicadeza de zurcir cada roto, acariciarlo con empatía, respetando los ritmos que cada uno necesita para pegar con amor lo que nace para compartirse con amor.

Nunca te conviertas en aquello que te hicieron ni dejes que te cambie cuánto te hirieron.

Tu mayor virtud eres tú misma.
Así, tal cual.

No te culpes por no haberte
dado cuenta de ciertas cosas en el pasado:
no tenías la información que hoy tienes.

@caricias_emocionales

SÉ QUE A VECES TU CABECITA te juega malas pasadas y que hoy tienes uno de esos días en los que todo lo ves negro y sientes que no eres capaz.

Por eso, déjame recordarte todos los días en los que te has propuesto algo y lo has conseguido. Aquellos en que sacaste las garras y te levantaste con más fuerza. Aquella vez que dijiste *adiós* para no perderte a ti misma por otra persona. La constancia que muestras en cada cosa que haces. El amor que le pones a tu trabajo en todo momento. La generosidad que ofreces a todo aquel que está cerca de ti. La sonrisa, el consejo y el hombro que siempre regalas cuando más se necesita.

Has conseguido grandes cosas, guerrera.

Y ojalá sigas consiguiendo todo aquello que te propongas.

Pero, sobre todo, recuerda: no dudes de ti durante el camino.

Porque el mayor éxito está en cada paso que das hacia la meta, en cada descubrimiento sobre ti misma, en toda elección que haces cada día, en cada vez que te esfuerzas cuando crees que no puedes más y en todas las ocasiones en las que haces frente al desánimo con las reservas de valentía que guardas en tu interior.

Y, ¿sabes qué?

Que, sea cual sea el resultado de aquello que te propongas, habrás ganado lo más importante de todo: la increíble sensación de sentirte valiosa y capaz.

Estoy a tu lado cuando dudes
de ti misma para recordarte
que eres mi guerrera favorita.

@caricias_emocionales

OTRA VEZ. Oooootra vez la misma historia de siempre. *Vaya tela, querida.* Justo cuando pensabas que ya estaba todo bien. Un poquito cansada de tanto aprendizaje, autoayuda y tiempo para ti.

Y te dicen que todo irá bien. Que tú vales mucho. Que al final todo pasa por algo.

Sí, para joderme un poquito la existencia, piensas. Pero te callas y asientes. Total, tampoco servirá de nada decir lo contrario. No está bien decir palabras malsonantes ni expresar enfado. Media sonrisa. Tú, la chica buena, la que está ahí para todo el mundo cuando la necesitan, la de la paciencia y empatía infinitas.

Sin embargo, me gustaría recordarte que de vez en cuando está bien hacerlo *mal*.
Sobre todo, si eso conlleva sentirte mejor contigo misma.

No todo aquello que te ocurre es para enseñarte algo o porque algo mejor está por venir. No siempre puedes con todo ni tienes fuerzas para confiar en la vida.
A veces duele demasiado, todo se amontona en un nudo de la garganta y te cansas de ser fuerte.

A veces tenemos demasiada paciencia con las personas equivocadas.

¿Estás hasta las narices? Dilo.
¿Quieres mandar a la mierda? Hazlo.
¿Necesitas poner los puntos sobre las íes? Adelante.

Las faltas de ortografía, nunca.
Las de respeto, jamás.

A veces tendrás la fuerza para expresarlo con asertividad.
Otras, en cambio, no.
No pasa nada por, de vez en cuando, desahogarse y expresarlo así, sin más. Porque sí.

Dándote el permiso de sentirte humana; alejada de la perfección, de la expectativa ajena e, incluso, de la propia.

La gestión emocional también tiene que ver con el hecho de conocerse, errar y rectificar para adelantarte la próxima vez.

Por ello, querida amiga, tienes el derecho a equivocarte y la responsabilidad de abrazarte tras hacerlo.

La compasión hacia una misma como primer paso hacia un camino de libertad, valentía y amor propio.

Porque del error nacen los mayores aprendizajes.

No es quien te dice que eres importante,
sino quien es capaz de sostenerlo con
hechos a lo largo del tiempo.

@caricias_emocionales

SÉ QUE HUBO UN TIEMPO en el que te sentiste desorientada, en el que no te reconocías a ti misma, en el que negaste tu bienestar personal sin darte cuenta y, así, lentamente, te alejaste de ti misma, de tus sueños, de aquello que te hacía feliz.

A veces el camino puede hacerse complicado y extraviarnos, llevarnos lejos.
Pero tienes toda una vida para hacer el trayecto de vuelta a casa.
No te apures ni vayas precipitadamente, pero tampoco te demores.

De ahora en adelante, cuando te pierdas, recuerda que el equilibrio siempre estará en las coordenadas vitales de tu interior:

Me quiero, me abrazo, me pertenezco, me acepto.
Soy mi propio hogar; mi lugar en el mundo.

Ojalá no vuelvas a olvidarlo cuando la vida no señale al norte de tu brújula:
eres suficiente en todas tus versiones, fases y momentos.

Qué impotencia que aún no te lo creas.
Y qué rabia que no sepas

que siempre lo has sido.

La compasión hacia una misma
es una manta que te abriga en momentos
de frío y que se va tejiendo con hilos de
paciencia y empatía.

A VECES LA VIDA SE BASA EN encontrar el equilibrio entre aceptar las cosas como llegan y poner de tu parte para que suceda aquello que quieres.

He visto a personas que, en lugar de pelearse con la realidad, han decidido echarle coraje e intentar ganar la batalla.

He conocido la cara menos amable de la vida en algunas personas que, en lugar de justificar sus males presentes con su pasado, se convirtieron en seres excepcionales y construyeron sus cimientos de las cenizas de quien dejaron atrás para ser quienes realmente querían ser.

He visto a personas que han vivido y han aprendido a hacer las paces con un sentimiento tan invisible como la ansiedad.

He escuchado historias de gente que salió adelante contra todo pronóstico, porque recordó que vida solo hay una y que un trocito les pertenece en primera persona.

Todos ellos tenían algo en común: supieron aceptar las cosas como les llegaron e hicieron lo mejor que supieron con aquello que tenían.

Ahí entendí la mayor lección.

Nos pasamos la vida intentando controlarla cuando lo que ella nos pide es que nos dejemos llevar. Que la vivamos. Que lo que sucede, conviene. Que resistirse a todo lo que acontece solo es motivo de sufrimiento y resignación.

Por eso, aprendí que la palabra *aceptar* es la llave de la felicidad. Que no somos nadie para exigirle a la vida que nos dé aquello que queremos. Que las cosas no ocurren cuando crees que las mereces. Que cada uno tiene que luchar por lo que quiere y que, a pesar de que existen situaciones injustas, son las que son y ocurren como ocurren. Que, si bien a veces es necesario un rato de queja para coger impulso, también lo es hacer lo más honesto y valiente de todo: sentarse frente a aquello que no te gusta, preguntarte qué puedes aprender de ello y actuar en consecuencia.

Esa es tu libertad.

Desconectar para conectar casi siempre
es la clave para encontrar el equilibrio.

@caricias_emocionales

Sé que quizá no sean buenos tiempos, pero también sé que, aunque cueste verlo, cuando menos te lo esperes todo estará mejor, más acomodado, lo sentirás más claro y más amable.

Sin embargo, hacer un alto en el camino para observar cómo te sientes, para darte cuenta de quiénes están a tu lado y qué llevas dentro es el modo más generoso de ofrecerte la oportunidad de dirigir tus pasos hacia el lugar al que realmente quieres caminar.

Recuerda que está bien no estar bien, dudar, sentirte triste y tener días malos. Y estar en silencio, ya que solo es posible escuchar el corazón cuando bajas el volumen de todo aquello que te dice tu cabeza.

En ese lugar es donde todo surge: dentro de ti misma. Ahí están la semilla del milagro, el epicentro de cualquier terremoto, la mano amiga, las coordenadas del hogar más seguro y la cruz en el mapa del verdadero tesoro.

No estás quieta.
Estás en equilibrio.

No estás callada.
Estás en silencio.

No estás perdida.
Estás encontrándote.

Mientras tanto,

paciencia,
silencio,
calma,
tiempo.

Tú, contigo.

CADA DÍA TIENES LA OPORTUNIDAD de pensar qué quieres hacer y de dejar de cumplir expectativas ajenas para enfrentarte al desafío más bonito de todos: tomar las riendas de tu vida.

Tus decisiones, tu tiempo y tus prioridades son tuyas. A la hora de delimitar tu espacio no des por hechas las cosas, sé firme en tus valores y flexible cuando lo creas conveniente; muestra tu opinión sin miedo y priorízate sin disculparte.

Tienes derecho a decir *no,* a rechazar lo que no te convenga, a cambiar de opinión, a expresar molestia cuando así lo sientas y a darte un tiempo para conectarte con tu propia honestidad.

El día que descubres que los hilos de tu vida los manejas tú, se abre ante ti todo un mundo de posibilidades.

El día que empiezas a dibujar tu frontera, lejos de delimitarte, te sorprenderá lo amplio que puede llegar a ser tu horizonte.

El día que entiendes que una se termina convirtiendo en aquello de lo que se rodea, empiezas a identificar a aquellas personas que quieres de verdad en tu equipo de vida.

El día que decides tomar las riendas de todo aquello que te mueve por dentro, comienza la relación de amor más auténtica, libre y duradera de todas:

la tuya contigo misma.

Entre hacer algo sola o hacerlo a solas
hay solo dos letras de distancia,
pero una gran diferencia.

@caricias_emocionales

DICEN QUE EL AMOR EMPIEZA EN CASA. Que quererse es el primer paso para querer. Y, si bien es importante y necesario cuidar de nuestra propia autoestima, tampoco podemos olvidar ni obviar que el cariño y la mirada de otros nos enriquecen, nos mejoran, nos hacen crecer.

Sin embargo, en los tiempos que corren, suele haber una ligera confusión en la jaula de los conceptos de *autonomía, libertad* y *fortaleza*. Te dirán que hagas cosas sola, que no necesitas a nadie para ser feliz y que hay que mostrarse fuerte para que te valoren. Tan solo me gustaría recordarte, querida amiga, que a pesar de que te presenten el empoderamiento alrededor de palabras conjugadas en primera persona, solo es posible encontrando el equilibrio entre el singular y el plural; entre la fortaleza y la vulnerabilidad; entre la ternura y la valentía.

Y es que, cuando intentamos protegernos bajo una coraza a través de la dureza, estamos alejándonos de nuestra parte más fuerte: aquella que nace desde la caricia a la parte más vulnerable de nosotras. Nuestra esencia.

Reconociéndonos en todas las facetas, sin rechazo, aceptando los trocitos de experiencias de otros y con otros que han ido colocándose en nuestro interior.

Solo así el amor propio es posible.

Porque no podemos querer algo que no conocemos.
Y no podemos conocer algo a lo que no prestamos atención en todas sus dimensiones.

Una no puede escapar de lo que lleva dentro.

Amor propio es ponerte al frente,
dejar la trinchera,
incluirte en el recuento
de lo importante.

@caricias_emocionales

Pocas cosas existen más extraordinarias que el poder inevitable de un *todo irá bien* de tu amiga.

Escuchar en medio del desastre un sincero *me quedo a tu lado para recogerlo contigo.*

Improvisar una tarde de rescate para arreglar el mundo.

O, sencillamente, saberte protegida en un mal momento y que dejen las cosas así, tal y como están.

Supongo que, al fin y al cabo, siempre nos quedará agarrarnos a lo más importante: poder ser una misma y llamarlo *casa.*

Y sentir que no estás sola en medio de todo el caos.

Una mano amiga mientras tú te recompones.

Solo con eso ya es suficiente.

Nunca subestimes el poder de una persona
dándose un tiempo para coger impulso.

SERÁ DIFÍCIL, no voy a negártelo. Crecer por dentro no es tarea fácil.

Tendrás que tomar alguna decisión irrevocable y complicada. Quizá también necesites alejarte de personas que no te hacen bien. Con perspectiva te darás cuenta de algunas cosas, y será inevitable volver a ser la misma de antes. Estarás tiempo a solas, pensarás mucho, sentirás emociones incómodas e incluso pasarás los días con la mirada perdida y sin rumbo.

Pero no. Lo que los demás no saben es que estás recomponiéndote de un modo amable, abrazando tu miedo y haciendo acopio de valentía para coger impulso.

Para pisar fuerte y recorrer, a tu ritmo, tu propio camino.

Y es que, en ocasiones, la única forma de avanzar es parar y estar contigo.

Estoy a tu lado y de tu lado. Recuerda estarlo tú también contigo.

TE TIENES A TI MISMA. TE TIENES A TI MISMA.

Te necesitas.

AHORA NO, AMIGA. No es momento de darse por vencida. Aunque pienses que ya nada puede sorprenderte, que lo has sentido todo o que no cabe más dolor en la herida, déjame decirte algo: los mejores momentos están por venir. Te lo prometo.

Sin embargo, no será sencillo. Y, probablemente, tampoco será justo en este instante.

Recomponerse por dentro suele ser un proceso largo y desigual en el que tendrás que hacer acopio de paciencia para reordenar los trocitos y, de nuevo, abrazarte y convertirte en una nueva versión. Aquella que renace de su propio aprendizaje y de las cenizas.

Una nueva *tú*, más sabia, más valiente y, por tanto, más resiliente. Una nueva *tú* que bajo los cimientos del amor propio sostuvo toda su existencia y, con todo, descubrió el brillo y la fortaleza que albergaba en su interior. Una nueva *tú* que se muestra, se comparte y sabe rodearse de personas que le sumen. Una nueva *tú*, capaz de hacer de cada tropiezo una oportunidad para mirarse por dentro.

Una nueva *tú*, diferente, transformada y que se da permiso para cambiar tantas veces como necesite, protegida de la mirada ajena, para sentirse bien consigo misma. Una nueva *tú* que se cuida, se prioriza, se acepta y se respeta, desde la decisión propia y la compasión en primera persona.

Una nueva *tú* que sabe que, en definitiva, transformarse requiere de volver a encargarse de una misma y luego reordenarse con su entorno. Una nueva *tú* que, como consecuencia, deja atrás a personas, costumbres y lugares para liberarse de aquello que ya no tiene espacio en su vida.

Te prometo que vienen cosas bonitas y sensaciones distintas a las que sientes ahora.
Por eso no, ahora no es momento de tirar la toalla.
Aguanta solo un poco más.
Toma aire, aprieta los dientes y dame la mano.

Saldremos de esta.
Juntas.

Esas son mis favoritas: las personas
que se miran al espejo sin retirar la mirada.

EXISTE UNA ESPECIE DE FRAGILIDAD en ciertos momentos que, sin saberlo, van a determinar un antes y un después en nuestra historia.

Un fin.

Sin embargo, vivimos la vida ajenos a todo, como si mañana todo fuera a continuar igual, porque con frecuencia damos por hecho que tenemos el control de las situaciones. Y creemos que ciertas cosas no pueden sucedernos a nosotros.

Pero lo cierto es que no es así.

Y un día te das cuenta de que puedes perder algo o a alguien valioso, de que no has podido despedirte o expresar aquello que realmente sientes o de que no has saboreado ese último momento que puede que no vivas nunca más.

Seamos agradecidos con la vida, las personas y el tiempo.

Porque nunca se sabe cuándo será *la última vez que.*

El amor por delante,
el miedo al lado
y el pasado atrás.

habité el espacio que me correspondía. Al decirme sí, irremediablemente dije *no* a otras personas. Me puse en primer lugar, me puse valiente, me puse segura y me regalé, en definitiva, el trocito de mundo que me pertenecía.

Y comencé, al fin, a vivir en primera persona.

La paz llega cuando entiendes que aquí y ahora lo estás haciendo lo mejor que puedes con aquello que sabes y tienes.

@caricias_emocionales

¿No te parece maravillosa la magia de la vida?

Un día cualquiera, con tu café de siempre, tus nudos en el pelo y esa camiseta que usas de pijama, miras por la ventana y, efectivamente, todo es común.

Sin embargo, ocurre.
Un pequeño cambio.
Una llamada.
Una mirada.
Un regalo.
Una señal.

Cada día puede ser maravilloso.
Todo puede pasar.

Y por eso quizá una de las mayores virtudes a la que podemos aspirar sea mantener intacta nuestra capacidad de dejarnos sorprender. Y la ilusión y esperanza de que eso suceda.
En definitiva, bailar con la incertidumbre.

Dejar de mirar el futuro con ojos de presente.
Y abandonar un presente con los latidos del pasado.

Porque la vida es una incógnita que se va resolviendo por sí misma.

SÉ QUE A VECES TE SIENTES sola y, sin querer, lo confundes con la soledad. Que de cabeza te sabes la teoría, pero de corazón te cuesta llevarlo a la práctica.

Te entiendo, ¡claro que te entiendo! Pero déjame decirte algo: estar sola no es un hecho físico, sino una sensación. Parece que si no llevas a alguien al lado es síntoma de que te falta algo. Como si tu propia compañía fuera insuficiente.

Como si el hecho de tener a alguien pegado a ti significase que estás acompañada; cuando en cantidad de ocasiones sentimos soledad rodeadas de personas.
Como si el hecho de ir sin nadie a tu lado significara que vales menos, que te falta algo, que *algo raro habrá* o que tienes que estar en el punto de mira de la lástima por ello.

No, no es la cantidad. No es un número. No es cuestión de una persona. No se trata de un hueco que haya que rellenar: no estás vacía.

Cuando vas contigo, con todo, con tu propia compañía, nunca nunca volverás a ir sola a ningún lugar. Irás contigo misma.

Existen pocas sensaciones tan poderosas como la de sentirse capaz y libre de elegirte; capaz y libre de estar contigo misma; capaz y libre de ser feliz.

No estás sola, estás contigo.
No estás sola, te tienes a ti misma.

No estás sola, vas con tu compañía.
No te falta nadie a tu lado, ya eres **suficiente, completa**
y **entera**.

Cuando decides elegirte, ya nunca más caminarás sola.

No estás sola, estás contigo:
valiente, libre y capaz.

LA VIDA NO ES tan fácil como en ocasiones nos contaron, pero podemos hacerla más sencilla de lo que imaginamos.

Si no entiendes algo, pregúntalo. Si sigues sin entenderlo, avanza, aunque sea a ciegas. Si necesitas ayuda, pídela. Si estás triste, llora. Si no puedes parar de llorar, busca una mano amiga. Si te sientes perdida, abraza a una persona brújula. Si necesitas saber qué necesitas, quédate a solas. Si sientes que ya no puedes más, recuerda todas las veces que pudiste y lo que hiciste para salir adelante. Si por momentos olvidas tu valía, piensa en todas las situaciones que has superado. Si te encuentras mal, date permiso para estarlo. Si dudas de ti, mírate a través de los ojos de tu mejor amiga. Si lo has intentado de una forma y no salió, hazlo de un modo diferente.

Si no eres feliz, para y escúchate:
el silencio interior es más que la ausencia de ruido exterior.

Y ahí es donde todo surge: dentro de ti misma.

Quédate en silencio contigo y ve en dirección a esos latidos.

Estar presente contigo misma
a veces requiere bajar el volumen de lo ajeno.

No te imaginas lo bonito que es verte sonreír de nuevo. Después de todo lo que has pasado. Nadie diría que has atravesado una gran tormenta que, tras calarte hasta los huesos, dejó mojados los recuerdos dolorosos e hizo florecer, poco a poco, una vida llena de valentía y sonrisas. Qué bonito saberte distinta, renunciando a mirarte con los ojos saturados de pasado. Confiando en el proceso. En tus ritmos.

Y en ti.

Has recorrido un camino difícil para llegar hasta aquí. Salir ilesa es complicado cuando te aventuras a conocerte, reconstruirte y vivirte.

Pero mírate:
fuiste capaz.

Estoy a tu lado por si se te olvida, amiga.
Te lo recordaré cuando dudes de ti y cada vez que creas que no vas a poder. Cuando no encuentres el sentido, cuando estés perdida, cuando sientas que no eres suficiente, cuando precises un motivo, cuando te asalten los miedos.

Y, si lo necesitas, te presto mi mirada para que puedas verte a través de mis ojos. Para que veas lo válida y fuerte que eres. La mujer tan maravillosa en la que vas convirtiéndote con dulzura y paciencia. La belleza y el brillo tan real que desprendes y el arrojo que contiene cada uno de tus pasos.
Estoy contigo en las buenas y en las malas.
Incondicional a ti.

De vez en cuando es necesario ordenar
el armario de los recuerdos,
la despensa de los sentimientos
y el lugar que habita cada persona
en tu vida.

No es amor, es aburrimiento.

Enhorabuena, tía. Lo lograste. Por fin has abierto los ojos y has aprendido a distinguir quién te busca por aburrimiento, quién lo hace por interés y quién porque realmente te quiere. Ha tenido que venir un virus mundial para que te des cuenta, pero lo has conseguido. Supongo que una situación límite nos hace ver de frente la realidad sin posibilidad de excusas, justificaciones o *esques*. Ahora, lo que es, es. Sin más rodeos.

Y es que, tras abrir los ojos, nada es lo mismo, porque empiezas a ver. Con todo lo que eso significa: de repente, entiendes los subtítulos que contiene un mensaje vacío de lo importante, la promesa de futuro hueca de cariño o el retorno de quien se fue como si no hubiera pasado el tiempo por tu vida, como si hubieras estado en *stand by* esperando su mensaje, vaya.

Pero ahora no. Ahora eres otra. Ahora te cuidas, te respetas y te das la mano. A pesar de tus errores, te abrazas, te perdonas y sigues tu camino. Ahora pisas fuerte y avanzas, sabes quién merece la pena, la alegría y el tiempo. Ya no malgastas tu vida con personas que no te aportan, te restan o te hacen sentir menos. Ahora no das prioridad a quien te trata como opción.

Ahora tienes tu propio escudo de cicatrices que te recuerdan por qué caminos no volver a pisar. Nunca más. Ahora te besas cada herida, te permites tener días malos y te enfadas si alguien se pasa de la raya. Te permites el derecho a alzar la voz y a decir *hasta aquí* cuando algo no te guste. Ahora no disimulas para que el resto no se moleste, ni cumples expectativas de nadie más que de ti misma. Ríes y lloras cuando quieres y estás disponible para quien tú decides sin remordimientos, sin culpas y sin pesos ajenos en tu espalda.

Liberada y libre, porque sabes que, a pesar de tener los mismos ojos, ya no conservas la misma mirada.

Y contra eso no hay marcha atrás: a partir de ahora eres una mujer distinta.

Ojalá empecemos a normalizar
el hecho de tomar distancia con
aquello que no nos hace bien.

ME APLAUDO.

Me aplaudo por todas las veces que lo intenté, que no me quedé con la duda y que logré avanzar a pesar de las circunstancias.

Me aplaudo por ser capaz de proteger mis sueños, incluso escuchando todo aquello que decían a mi alrededor. Por el esfuerzo, el tiempo, las noches sin dormir, las lágrimas y el sacrificio.

Me aplaudo por priorizarme, ser valiente y creer en mí, aunque en ese momento nadie más lo hiciera.

Sigue, continúa, no desistas.
Estás avanzando.

Que ahora no veas los resultados que quieres no significa que no te estés acercando a ellos.
Vas por buen camino:
el tuyo propio.

No siempre van a ver cuánto te costó llegar hasta aquí.

Solo tú sabes cuánto significó.
Valóratelo como mereces.

El problema no es que existan personas que dudan de ti, sino que tú seas una de ellas.

LA VIDA SON DECISIONES. Ese mensaje que borras, aquel que envías; negro o azul; pelo suelto o recogido; costumbre o felicidad; pasta o sushi; coger una llamada o dejar el móvil en silencio; cinco minutitos más o levantarse puntual; mar o montaña; hoy o mañana; sí o no; contigo o sin ti.

En las pequeñas decisiones se esconden los grandes aciertos de nuestra vida.

Lánzate y abre los brazos.
Durante unos instantes no sabrás si caes o vuelas.

Pero ese vértigo es el que lo hace interesante.

La libertad de tomar la decisión.
El cosquilleo de saltar.
La posibilidad de volar.
La satisfacción de sentirse capaz.

No sabes la cantidad de cosas maravillosas que ocurren cuando te das permiso.

EN ALGÚN LUGAR ALGUIEN te mirará a los ojos, sin miedo, sin prisa. Y quizá ahí entiendas algo importante: que en otros lugares no hayan visto aquello que te hace especial no depende tanto de ti, sino de la mirada de quien tienes enfrente.

Y, cuando menos te lo esperas, tienes la sensación de estar en casa.

La irrepetible primera vez que activa el mecanismo de no retorno hacia el pasado.

Y miras al frente.
Solo al frente.

Y una sonrisa nerviosa se abre paso como antesala de algo único: conectar, de verdad, con una persona.

La libertad de ser tú misma sin que sea difícil.

Sin miedo a nada.
A cambio de nada.
Sin esfuerzos por nada.
Para demostrar nada.

Solo tú y la parte más auténtica de ti.

Y, justo ahí, alguien verá en ti algo que nadie vio antes.
Ni siquiera tú.

Solo espero que, cuando eso ocurra, simplemente lo disfrutes por una sencilla razón:

te lo mereces.

EQUIVOCARSE por encima de tus posibilidades a veces no implica aprender.

Tropezamos con piedras que justificamos como diferentes, pero en el fondo sabemos que no lo son.

Y es que somos más sabias de lo que creemos.

Nos pasamos la vida amordazando nuestra intuición. Pagando el rescate con las consecuencias de no escuchar la parte más importante de nuestro ser. Creyendo que no funciona. Pero lo cierto es que sí: la intuición no se rompe, solo se silencia. A veces, en vano.

Nos negamos a declararnos responsables de algunos errores por vergüenza a mirarnos al espejo y no poder sostener la mirada.

Pero quiero recordarte que lo hiciste lo mejor que sabías en ese momento, que tienes derecho a equivocarte y también el compromiso de rectificar. Que seas buena contigo misma en los tropiezos y cauta la próxima vez. Que vivir no es tan sencillo como en una frase y que gestionar lo inevitable necesita de mucha confrontación y honestidad con una misma.

Se dice que para construir un vínculo sano se necesitan conversaciones incómodas.
Sin embargo, a veces pasamos por alto que quizá sería bueno empezar por nosotras.

Cara a cara. Sosteniendo aquello que duele, la decepción con una misma, mientras te abrazas fuerte.

Y te perdonas, con cariño, para empezar de nuevo.

Lo estás haciendo lo mejor que puedes en este momento. Recuérdalo.

LO ESTÁS HACIENDO BIEN. LO ESTÁS HACIENDO BIEN.
LO ESTÁS HACIENDO BIEN.

Recordatorio: tienes derecho a cambiar
de opinión, a equivocarte y a rectificar.

@caricias_emocionales

No QUIERO SER tu punto de inflexión.

No quiero ser quien te abra los ojos.

No quiero ser la persona que te haga reaccionar.

No quiero ser aquella que te haga ver que echas de menos a tu ex.

No quiero ser quien te cambie.

No quiero ser la chica a quien siempre recuerdes porque te ayudó, te escuchó y te comprendió.

No quiero ser la buena de la película y cargar con el peso de la incomprensión.

No quiero ser el *no eres tú, soy yo* de nadie. Y menos de ti.

No quiero ser quien salve a quien no quiere ser salvado.

No quiero ser la duda eterna, la excusa perfecta o el parche temporal de nadie.

No quiero que me compares con ella, ni para bien ni para mal.

No quiero ser la mujer que cuide de ti solo cuando tú se lo permitas.

No quiero ser quien sostenga las consecuencias de tu pasado.

No quiero ser una anécdota, un rato o un recuerdo más.

No quiero ser quien reciba el daño porque un día a ti te dañaron.

Por no querer, no quiero ser ni la mujer de tu vida. Tan solo quiero ser la mujer de la mía y, juntos, hacernos la existencia un poquito mejor, más amable, más bonita.

Porque no quiero ser una lección para ti y formar parte de tu pasado.

Tan solo quiero SER.
En presente.
Y eso ya es suficiente para mejorarnos la vida.

Te quiero conmigo.
Pero, si no es mutuo, me **prefiero** sin ti.

En un corazón lleno de miedos no cabe amor.
En un corazón lleno de heridas, tampoco.

Si VOLVIERA ATRÁS, quizá cometería de nuevo algunos de mis errores, pero sería menos benevolente con los de los demás.

Si volviera atrás, no daría tantas segundas oportunidades, me escucharía más y mejor y haría caso a mi instinto cuando, desde el primer momento, me gritaba *ahí no es*.

Si volviera atrás, no malgastaría tanto tiempo en ponerme en el lugar de quien no se pone en el mío, diciendo *no* a planes o preguntándome *por qué*.

Si volviera atrás, sería más buena conmigo misma, me trataría mejor por dentro y por fuera y procuraría entregar más fidelidad a cada uno de mis sentimientos.

Si volviera atrás, me regalaría la oportunidad de ser más vulnerable y pronunciaría, sin fisuras ni miedos, *perdón*, *gracias* y *te quiero* cada vez que me apeteciera.

Si volviera atrás, quizá haría algunas cosas de manera diferente.
Quizá.

Sin embargo, si volviera atrás, haría algo exactamente igual: elegiría a las mismas amigas.

Porque pase el tiempo que pase, a pesar de los vaivenes de la vida, de las épocas de acercamiento o lejanía, siempre han estado para sostener los hilos que tejen nuestra red.

ERES IMPORTANTE PARA MÍ *y te quiero mucho más que esto que ha pasado.*

Y, en medio de un enfado, recibí su abrazo tras estas palabras.

Hace años de una de las mayores lecciones que jamás olvidaré de la mano de mi mejor amiga.

Ahí entendí que, a pesar de querernos, podemos tener puntos de vista diferentes y, en ocasiones, no estar en nuestro mejor momento para gestionarlo de un modo saludable. Y no pasa nada.

En ese instante entendí que discutir o estar en desacuerdo no significaba que la amistad se deteriorase, porque por encima de todo estaba el cuidado del vínculo.

En definitiva, la responsabilidad afectiva.

Entender que nuestras acciones tienen consecuencias en las personas que tenemos cerca. Y eso no significa que tengamos que hacernos cargo de esas emociones, que seamos responsables de ellas. Pero conviene recordar la importancia de dar espacio a la expresión y las emociones de la otra persona —estemos o no de acuerdo con lo ocurrido—, acompañar y escuchar. Por ambas partes. Y buscar una solución conjunta.

Cuidar el vínculo afectivo por encima de todo. Pedir perdón y reparar aquello que sea necesario.

La amistad me enseñó mucho sobre el amor.

Por eso al amor le pido lo mismo: cuidado mutuo en la alegría, pero también y, sobre todo, en el dolor y el desacuerdo.

Sin ego.
Sin guerras.
Sin castigos.
Sin dar por hecho.

Pregunta, pregunta, pregunta.

Porque llevarse las cosas a lo personal jamás será un hilo que te una con quien estás vinculado, sino una cuerda que te ate en corto y no te deje ver más allá de ti mismo.

Al fin y al cabo, la amistad y el amor son dos sinónimos con un objetivo común:
cuidar cada día lo incondicional.

No pido más.
Pero tampoco menos.

La magia de mirar a tu alrededor
y sentirte orgullosa de quienes
te acompañan tiene un valor infinito.

@caricias_emocionales

A VECES NECESITO RECORDARME que, tarde o temprano, todo termina pasando por muy difícil que pueda parecer aquello que me esté descolocando por dentro.

Y, cuando lo hace, vives: con la herida cerrada, el corazón abierto, la calma dentro de ti y todo el camino por delante.

Sin embargo, no ocurre de un día para otro: una persona valiente no surge de la nada.

Se necesitan varias dosis de realidad, tomar perspectiva, estar en silencio, bailar con la incertidumbre, recalcular la ruta, saltar inconvenientes y un sin fin de vaivenes que ponen a prueba tus recursos más personales.

También se necesita mucho cariño, paciencia y comprensión.
Hacia una misma, sobre todo.

Afrontando cada paso.
Cada momento.
Cada día.

Y es que todo aquello que te hace temblar por dentro no siempre es miedo. En ocasiones, ese cosquilleo es tu *yo* más auténtico diciéndote lo importante:

Hazlo. Aunque tengas miedo. Pero hazlo.
Y si no sale como esperabas, se encuentra la manera.
Siempre se encuentra la manera.

¿Has oído?
Siempre.

Y eso es lo bonito de intentarlo: hacerlo con la esperanza de que pueda salir bien, a pesar de todas las veces que salió mal.

Exponerse una y otra vez, con cuidado, pero como si fuera la primera.
Con la ilusión intacta.
Las ganas a cien.
Y el contador a cero.

Nadie nos asegura que tras el intento se abra paso un acierto. Pero conviene recordar que el éxito está en todo lo que has descubierto por el camino que te trajo hasta aquí.

Abrazar la tristeza que supone dejar de habitar por un camino para hacerlo por otro y hacerle una trenza a la esperanza para atar las ganas de más.

Y ser tú misma.
Empezar de cero.
Darte una oportunidad.
De nuevo.

¿Acaso existe algo más admirable?

NADIE TE GARANTIZA que tras cerrar una puerta no vuelvas a saber de aquella persona que quedó tras ella.

Que alguien regrese a tu vida después de un tiempo puede suceder por muchas razones. Sean más o menos comprensibles a tus ojos, recuerda varias cosas:

- Cada persona tiene sus propias motivaciones.
- Nadie entra de nuevo si no le permiten pasar.
- Si desordena tu equilibrio personal, protégete tomando decisiones sin mirar atrás.

Y es que cuando las circunstancias te devuelven al punto de partida con algo o alguien,
en el fondo es la vida diciéndote:

Toma, una nueva oportunidad
de demostrarte que has aprendido.

Haz algo diferente.
En honor a ti.

OJALÁ NO tengas que recibir un golpe bajo de la vida para levantar la cabeza, abrir los ojos y empezar a vivirla.

Ojalá no tengas que pasar por un mal momento para empezar a perder la vergüenza, los miedos, el control y el equilibrio.

Sin embargo, a todas las personas nos llega un momento así, antes o después: salud, familia, trabajo, amor, amistad, ciudad, hogar, decisiones. Quién sabe en qué camino del mapa la brújula se desvía.

Por eso está bien aceptar que habrá situaciones, épocas, noticias o cambios que no estarán dentro de tus planes.

Y tendrás que recalcular ruta.
Y será difícil hacerlo con la incómoda sensación de incertidumbre.
Y te llevará un tiempo acomodarlo en los rincones de tu vida, cuerpo y hogar.

Y es que todo lo inesperado da un vuelco al corazón, aunque a veces no sea en la dirección deseada.

Acepta, pero no te resignes.

No bajes la guardia.
No te dejes.
Para si lo necesitas.
Pero continúa.
Sigue.

Eres más valiente que aquellos miedos que te hacen temblar por dentro.

Cuando pierdes todo aquello que te sobra, es el momento en el que empiezas a ganar lo más importante de todo: tu propia vida.

Préstate atención: cuando no atiendes
los sentimientos en su momento,
las consecuencias de ello
llegan con carácter retroactivo.

Un pequeño recordatorio, amiga:

Has pasado un año complicado y aquí estás, más fuerte y valiente aún si cabe. Has superado momentos duros en los que pensaste que era el fin del mundo y, finalmente, se convirtieron en el inicio del tuyo.

Procuraste no cometer los mismos errores y supiste alejarte a tiempo para no caer en ellos.

Aprendiste a poner los límites necesarios, a mirarte al espejo con más bondad y a respetar la piel que habitas.

No dejaste de valorar a quienes estuvieron siempre y también a quienes llegaron, quizá más tarde, pero lo hicieron para quedarse.

Te costó tiempo y esfuerzo, pero conseguiste encontrar el equilibrio y la paz estando contigo misma, descubriendo la mujer tan maravillosa que eres y disfrutando de ello sin remordimientos.

Soltaste el lastre de la culpa, de la responsabilidad autoimpuesta de recomponer lo roto y de mantenerte en lugares donde no te valoran de igual a igual.

Y, en definitiva, aprendiste una de las mayores lecciones para tu amor propio: a no meter la cabeza donde el corazón no cabe.

Porque todo lo que no fluye, se estanca. Y ahí nunca estará tu lugar.

Aquí estás.
Después de todo.

Valora todo lo que has conseguido y celébrate cada día, anda.

Te lo debes.

NO TODA AQUELLA persona que anda sin rumbo fijo está perdida.

Quizá no tenga claro hacia dónde voy, pero sí he aprendido a saber dónde quedarme con lo que ello supone: saber de dónde alejarse.

A estas alturas de la vida, créeme, no es poco.

Saber qué quiero o me apetece
y entender qué necesito o me conviene.

Ojalá el tiempo me conserve la paciencia
para distinguir la diferencia
y la lucidez para elegir entre ambas.

SE ME DAN MAL LAS DESPEDIDAS. Es un hecho. Contrastado. Supongo que todavía quedan temas pendientes con el apego, con discernir qué mantener y qué no en mi día a día y con aceptar que el curso de la vida va siempre hacia adelante. Y, quizá, hacia adentro y desde dentro.

Confieso que aún me invade la duda sobre si he cerrado bien la puerta cuando he salido de casa y tiendo a regresar para comprobarlo. Intuyo que algo parecido me ocurre con algunas personas antes de cerrar una etapa compartida. Quizá por duda, quizá por pena, quizá por costumbre.

Pero si algo he aprendido es que una despedida no siempre es sinónimo de algo triste —a pesar de que una parte de ti se quede en el pasado.

Muchas despedidas brindan nuevos inicios con la huella de los aprendizajes que la experiencia nos regala —a pesar de que a veces te resistas a aceptar que todo lo que sucede conviene.

Recuerda, pequeña:
Nada crece sin incomodad. Crecer es una constante despedida.

RESPONSABILIDAD AFECTIVA no significa hacerse cargo de las emociones que siente la otra persona, sino asumir nuestra parte de compromiso con su mundo emocional cuando vinculamos con ella.

En otras palabras:
Nuestros actos tienen consecuencias en las personas que tenemos cerca.

La invitación es sencilla:

Comprensión, respeto y comunicación.

La importancia del foco.
Lo sutil de la sencillez.
La elegancia de la empatía.

Cuando te haces responsable de la herida,
también te haces responsable de la cura.

@caricias_emocionales

QUÉ CUESTA ARRIBA se hacen algunos días, ¿verdad? Una no sabe muy bien dónde guardar las ganas de un abrazo, en qué lugar esconder los segundos previos a romper a llorar o en qué rincón colocar la impaciencia.

Hay días en los que tu cabeza, tu corazón y tu cuerpo van por libre, pero les une un nudo en la garganta. Y, por inercia, lo disimulas y miras hacia otro lado por si, con suerte, a la vuelta de la esquina del salón lo perdieras de vista. Como si se necesitaran unos ojos para ver la tristeza.

Hay días en los que, a veces, incluso sin invitación, se cuelan en casa algunos miedos para mover la cuerda floja sobre la que cada día intentas mantener el equilibrio.

Hay días en los que no encuentras las fuerzas para seguir adelante, ni los motivos para sostener una sonrisa ni la memoria para recordar que, si una vez pudiste, ahora también puedes.

Hay días, en definitiva, en los que no te encuentras ni a ti misma. Y es normal. Y no pasa nada. Y está bien que a veces no estés bien.

Sé buena contigo, respeta tus ritmos, ten paciencia y cuídate como si cuidaras de tu mejor amiga.

Especialmente cuando más te necesites.

Cuando no dejas fluir algo, se estanca.
El curso natural de la vida
es fluir hacia adelante.

@caricias_emocionales

[Confesión en voz baja]

A MÍ TAMBIÉN ME HA PASADO. Yo también estuve en una relación donde sentí que no. Porque sabía que no era mi sitio incluso antes de entrar. Pero supongo que las consecuencias de no conocer mis patrones a la hora de vincularme o de no darme tiempo y reflexionar para qué hacía ciertas cosas, hicieron que apagara todas y cada una de mis alarmas internas cuando me avisaron de que saliera de ahí.

Me gustaría ser honesta contigo y conmigo: me aterraba la idea de no ser suficiente o no estar a la altura. Me costó mucho tiempo entender de verdad que la principal aprobación sobre mi valía estaba dentro de mí. Algo que parece obvio y evidente y que, de una forma u otra, había leído en tantos lugares, no lo comprendí de verdad hasta el día en que casi vuelvo a cometer el mismo error de mirarme a través de ojos ajenos.

Ahí también entendí que estaba equivocada en algo: en todos los años que pasé dudando sobre si había servido de algo haber invertido tanto esfuerzo y tiempo en conocerme y crecer por dentro. En ese instante de lucidez, todos los aprendizajes se reunieron frente a mí y me ayudaron a dar un paso atrás.

Y supe también algo relevante: aunque creas que no avanzas, cada pequeño gesto que haces por ti, cuenta, suma y llegará un momento en que se manifieste. Cuando menos te lo esperas.

Y, entonces, decidí tomar la decisión más importante de todas: hacer, de corazón, algo diferente por mí misma.

Comencé por lo menos complicado: identificar qué y quiénes me hacían sentir bienestar y qué y quiénes me lo restaban. El siguiente paso era evidente pero no sencillo: ser coherente con ello.

No voy a mentirte. Me costó muchísimo. Hacer algo diferente después de tanto tiempo haciendo lo mismo no es fácil.

Me sigo equivocando. Pero ahora caigo menos en viejos errores y tiendo a cometer otros diferentes. Y aprendo de ellos sin lastimarme.

Porque la clave está en tenerte de tu lado, escucharte y dar importancia a todo lo que te mueve por dentro. Darte validez. Darte valía. Darte valor.

Y, *clic*, de repente un día dejas de intentar encajar en ciertos lugares y con ciertas personas, porque, en definitiva, también entendiste que *forzar* es sinónimo de *romperse* y que *amor propio* también es mirar a los ojos a quien no te quiere bien y decir: *Me dueles. Pero más me duelo yo*. Y, acto seguido, marcharte. Sin titubeos.

No te imaginas cómo cambia la vida cuando te independizas de la mirada ajena, te alejas de aquello que duele y decides nombrar y proteger las tres palabras que engalanan tu existencia:
ME HAGO FALTA.

Mereces que te cuiden el corazón
con empatía, paciencia y hechos.

AUNQUE PAREZCA RARO, no es tan sencillo llegar a comprender, con la cabeza y el corazón, el verdadero sentido del merecimiento. Esa certeza interior que te susurra al oído que te has ganado todo lo bueno que te pase. Lo sé, quizá parezca raro. Sin embargo, puede ser un sentimiento muy real cuando has tenido algunas experiencias desagradables en el pasado.

Y es que da la impresión de que, cuando llega la persona *correcta*, todo va a ser tremendamente fácil.

Aquello que nadie te cuenta y que aprendes sobre la marcha es que, incluso junto a una persona que te quiere bien, sigue costando manejar el pasado, las inseguridades y los primeros impulsos que llevan a hacer lo de siempre. Que, incluso con las heridas cerradas, a veces es inevitable que algunos miedos pasados llamen a la puerta. Pero, aunque cuesta, se vuelve cada vez más sencillo saludarles cordialmente y no invitarles a tomar asiento de nuevo en tu vida.

No es tan fácil como parece, pero te prometo que merece la pena intentarlo.

Vas a necesitar algo de tiempo, mucha compasión contigo misma y una mano amiga que te recuerde lo importante.

Mereces que te den los buenos días cada mañana, me aconsejó un buen amigo en un momento de duda. En su aparente sencillez, aquellas palabras me devolvieron la calma que necesitaba. Fue su forma de decirme que merecía recibir aquello que ofrezco y ser el primer pensamiento de alguien a quien quiero. O lo que es lo mismo: **mereces** gestos bonitos, cuidado mutuo y amor a manos llenas.

Y quizá el mayor reto sea comprender y aceptar que cada persona muestra el amor a su modo. Que cada uno encuentra su modo y deletrea el amor a través de un idioma común que se va creando entre dos personas. Que todo suma. Lo tuyo y lo mío. Traduciendo cada gesto de cariño.

Que un *buenos días* es algo simbólico dentro del universo de las pequeñas cosas del afecto. Pero siempre lo recordaré, a modo de metáfora, para no olvidar que, si el amor no es mutuo, no te mejora, y si no es recíproco, mejor que no sea.

EL AMOR SANO es un espejo infalible y honesto: cuanto más te descubro a mi lado, más me gustas; cuanto más me descubro a tu lado, más me gusto.

***

De ahora en adelante lo tengo claro:
el amor es sencillo, a pesar de las dificultades.
Incluso en ellas.
Sobre todo en ellas.

Quédate cerca de alguien que te valore
cuando estás, no cuando sienta
que te pierde.

Me absuelvo de toda exigencia impuesta y de todo aquello que no depende de mí.

NO ES MI CULPA. NO ES MI CULPA.

No soy responsable de todo aquello que me pasa.

LA CULPA ES UN CALEIDOSCOPIO: tiene tantas formas como miradas.

Asistimos a un tribunal interior que, en la mayoría de las ocasiones, suele ser menos benevolente con nosotras mismas que con otros. Nuestras expectativas y exigencias autoimpuestas hacen que la reprimenda sea dura, lejos de la caricia afectuosa ante el fallo o la falta de coherencia.

Se nos olvida que somos personas humanas. Nos estamos conociendo constantemente.
Nos equivocamos. Tenemos contradicciones. Y no pasa nada.

Sentir culpa no nos convierte en culpables. De hecho se trata de un sentimiento, en apariencia incómodo, pero cuya presencia en nuestra vida es sana, ya que nos alerta acerca de algo importante: de que hemos hecho algo que se aleja de nuestra esencia habitual.

De nuevo la vida diciéndote: *Hey, recuerda quién eres y no te traiciones.*

Sin embargo, existe otro tipo de culpa más pesada y más difícil de gestionar: aquella que aparece cuando quieres romper las cadenas invisibles que te atan al pasado y las formas de ser que ya no tienen que ver contigo.

Si hicieras un alto en tu camino y revisaras tu mochila lo entenderías todo.
O al menos aquello que pesa.

Entenderás la cantidad de espacio que ocupan cargas ajenas que aceptaste porque creíste que eran tu responsabilidad y que portas a tu espalda casi sin darte cuenta.

Y he de confesarte algo inevitable: no existe nada más pesado que una carga ajena sobre espalda propia.

Por eso te invito a escuchar el sentimiento sin hacerlo tuyo.

Porque, en ocasiones, *la otra culpa* también es la vida diciéndote:

Tienes derecho a cambiar y a ser quien quieras ser.
Con todo. A pesar de todos.
Mereces brillar.
Sin carga. Sin miedo.
Sin lugar a dudas.

Te absuelvo.
Adelante, estás a tiempo.

Sé amable contigo misma cuando reescribas
la historia de tus heridas: aquello que te
pasó forma parte del pasado.

Tú ya eres otra.

@caricias_emocionales

Una pequeña aclaración: que algo se ofrezca con bondad no significa que se pueda conseguir con facilidad ni tenerlo siempre que se quiera. Que alguien te ofrezca algo bueno es motivo para valorarlo, no para darlo por hecho, por supuesto, por sentado, porque sí o porque *tú lo vales*.

En otras palabras: que una persona sea buena no significa que sea fácil, ni ella ni aquello que ofrece.

Ojalá todas las cosas que damos por hechas las valoráramos tanto como lo hacemos al perderlas. Y, quien dice cosas, dice personas.

Este recordatorio es para ti, que has escuchado tantas veces el famoso *de buena eres tonta*.

Porque ser buena no te hace tonta:
ser buena, sencillamente, te hace buena persona.

Porque reivindicas la generosidad y eliges el bien común en lo evidente.
Y eso tiene un valor incalculable.

Aunque a veces duela.

Dar lo mejor de ti misma es la manera más bonita de asegurarte una conciencia tranquila cuando eches la vista atrás.

No cambies algo tan bonito.
Tan especial.
Tan tuyo.

No es lo mismo ofrecer aquello que tienes,
que dar aquello que te sobra.

ALGO QUE ME HA COSTADO entender es que, cuando has estado falta de cariño, cualquier gesto que venga del exterior sabe a felicidad y parece maravilloso. Y, a pesar de saber de cabeza que es algo *normal*, de corazón lo vives como el regalo más grande.

Quizá porque asumiste aquello que debería ser lo común como algo extraordinario.

Solo quiero recordarte que te entiendo. Y entiendo que lo vivas y lo disfrutes, claro. Pero que tu experiencia pasada no ciegue el presente: eso es lo mínimo que mereces.

Se llama equilibrio y reciprocidad.

Y no significa recibir siempre lo mismo que tú ofreces, sino evitar la sensación de ser tú sola aquella que entrega a alguien que se centra en recibir.

Quizá en el amor no existan garantías, pero sí una certeza ineludible: para construir cualquier vínculo, es lícito, justo y sano que haya un equilibrio entre lo ofrecido y lo recibido.

Valora cada gesto con la mesura del amor propio:
¿Acaso no es lo mínimo que tú ofreces?

No te vacíes por nadie que no te llene.

HAY MOMENTOS de tu existencia que son como el instante previo a sumergir la cabeza en el agua: haces todo el acopio de aire posible, llenas tus pulmones y aguantas la presión a medida que vas tocando fondo.

Aceptar la incertidumbre, empaparse del vértigo y escuchar el silencio más absoluto mientras tus latidos siguen el ritmo.

Y luego salir a flote.
Siempre salir a flote.

En fin, la vida.

Admiro a las personas que piden ayuda
y hacen de su grieta un lugar donde sacar
toda la luz que llevan dentro.

@caricias_emocionales

Me ha costado tiempo y esfuerzo llegar a desaprender todo lo que aprendí contigo y entender que el amor no es aquello que, por aquel entonces, vivimos juntos.

No te culpo. Todos albergamos heridas en nuestro interior, pero ahora sé que también tenemos la responsabilidad de no dejarlas sangrar para no manchar con ellas a quien tenemos cerca. Nadie merece cargar con las consecuencias del pasado de nadie. Ni tú, ni yo.

Te confieso que no fue fácil.

Me costó tiempo entender todo aquello que no es bueno permitir en honor a mi amor propio, comprender que existen límites que jamás hay que cruzar y aceptar que no solo es responsable quien provoca la herida, sino también quien, de una forma u otra, la consiente.

Te confieso, incluso, que no está siendo fácil ahora que soy feliz.
Amor bonito, sano y sencillo. Parece que tan solo es cuestión de disfrutarlo cuando lo encuentras, pero no es cierto.

Existen huellas que, aunque estén casi borradas por el paso del tiempo, te indican de dónde vienes.
Y tiemblas. Y te cuestionas de nuevo.

Suerte que echas la vista atrás, te aferras al camino recorrido para llegar hasta aquí y, con un guiño honras a tu propia valentía. Mientras, al mismo tiempo, miras a tu lado y sonríes. Porque una mano amiga te acaricia la piel, te mece el miedo y te abraza, sin juicio, el pasado.

No fue fácil.

Sin embargo, gracias.

Por dejar el espacio que yo no me atreví a regalarme para crecer por dentro, dibujarme una sonrisa y recuperar, de nuevo, mi esencia y equilibrio. Gracias por los mejores y por los peores momentos, porque, con el tiempo, aprendimos y supimos ver el lado más amable de la lección.

Aunque duela.

Deseo que la vida te trate bien y que hagas lo propio con todas las personas con las que te cruces a lo largo de ella. Incluido contigo mismo. Sobre todo, contigo.

Gracias, de corazón.

Aquello que se cierra se puede procesar,
aunque duela. Aquello que no, nos
perseguirá hasta que dejemos de huir.

LA EMPATÍA ES darnos la oportunidad de ir más allá, de pensar que cada persona tiene un motivo que guía sus pasos.

Aunque no lo entiendas.
Aunque tú pienses que lo harías de otro modo.
Aunque duela.

Empatía es abrazar la historia de otros.

Aunque no estés de acuerdo.
Aunque la tuya sea diferente.
Aunque duela.

Empatía es entender y hacer sentir que has entendido.

Aunque a ti no te haya pasado lo mismo.
Aunque no conozcas cada detalle de la herida.
Aunque duela.

Empatía es luchar contra el juicio automático y regalar la mirada de la compasión.

Hacia el otro.
Hacia ti misma.
Aunque duela.

Empatía es desnudarte de miedos, ponerte entre paréntesis y escuchar lo invisible de todo aquello que duele.

Es acoger la mirada de otro, abrazarle el dolor y cuidarle por dentro. Con generosidad y conexión.

Empatía es reconocer que existe la vulnerabilidad.

Sobre todo, la tuya propia.

Pero, por encima de todo, empatía es, sin lugar a dudas, valor.

Mirarse al espejo del otro, junto al otro y con el otro. Y no retirar la mirada.

Y no. Eso no lo hace cualquiera.
Eso solo lo hace una persona valiente.

Como tú.

Detrás de cada persona hay una historia,
alguna que otra batalla
y más de una herida, aún, abierta.

Seamos más amables, responsables
y cuidadosos con las palabras
que utilizamos con los demás.

Tratemos de cuidarnos, en la medida
de lo posible, los unos a los otros.

@caricias_emocionales

Tienes motivos para sentirte así, amiga. Es normal sentirse confundida cuando alguien toma una decisión unilateral que no esperabas y que, además, no es de tu agrado. Es normal sentir el peso de la injusticia, el enfado ante un cambio repentino y la tristeza cuando hacen añicos el mapa de los pasos que querías dar junto a alguien.

Lo sé. Nadie nos enseña a reconstruir un corazón roto. Y no sabes cuánto me duele que tengas que pasar por esto.

Sé que es tremendamente duro no tener una despedida, pero si algo aprendí cuando yo misma no la tuve es que es necesario avanzar sin ella. Que alguien no sepa hacerlo no significa que tengas que sufrir el doble por intentar entenderle buscando una explicación.

En ocasiones como esta, alejarnos es la única manera de acercarnos a nosotras.

Tal vez para aprender, con el tiempo, a elegir tus propias luchas, personas y sentimientos. Quizá, también, para así conseguir proteger tu paz, valorar más la calidad que la cantidad y gestionar mejor qué y quién merece tu energía.

Pero esto es un trabajo que te corresponde hacer a ti: toma distancia para asimilar todo lo que ha ocurrido.

Porque nadie nos retiene en ningún lugar si no le damos permiso para ello.

Pon a salvo tu corazón y cuida tu herida, pues, con tiempo y espacio, se convertirá en la cicatriz que te recuerde cuánto te costó encontrar el equilibrio.

Esa será la llave que, en un futuro, te permitirá no dejar pasar a cualquiera.

QUÉ IMPORTANTE es echar un vistazo a tu alrededor cada cierto tiempo, hacer balance y observar qué ha cambiado.

Supongo que una de las señales más claras para saber si avanzas no es tanto sentir si estás quieta o no, sino darte cuenta de si sigues haciendo las mismas cosas de siempre, a sabiendas de que no te benefician ni te hacen feliz.

No sé si será la edad, la experiencia, las historias de la gente nueva que voy conociendo o ver cómo evoluciona la vida de las personas que han pasado por la mía.

O quizá la suma de todo.

Pero si de algo estoy segura es de que una de las mejores decisiones que tomé fue dedicarme tiempo a estar en el suelo, a mirar por dentro, a romper con miedos, patrones, costumbres y vínculos.

Y, sobre todo, a tomar decisiones para hacer algo diferente con todo ello.

Porque, en ocasiones, hacer o permitir lo mismo de siempre solo significa una cosa: que no has aprendido nada.

Sin embargo, cuando te das permiso para actuar diferente, la mezcla de hormigueo y confianza abraza todas tus decisiones y pasos hacia adelante.

Algunos lo llaman *edad* o *experiencia*.
Yo, sin embargo, prefiero llamarlo *valentía*.

Porque conectar los puntos que unen la línea de tu vida a veces no es tarea fácil: es necesario vaciarse un poco y sostener durante un tiempo la incertidumbre que supone coger en brazos todo el peso de ese aparente vacío.

Y es que hay que estar decidida a asumir las consecuencias de quedarse a solas con una misma.

Para, por fin, construir la persona que realmente quieres ser.

Empecemos de nuevo.
Nunca de cero.

Estoy en un punto en mi vida
en el que solo quiero cerca
a personas que sumen.

@caricias_emocionales

CUANDO TE RODEAS DE PERSONAS ESPECIALES da igual el qué dirán, porque todo lo que hagas, a sus ojos, será bueno, será de corazón, será auténtico. Serán refugio, paracaídas y fuerza para dar un paso al frente.

Saber rodearse no significa hacerlo de quienes solo te dicen palabras bonitas, sino de los que te cuidan a pesar de todo.

Aunque a veces eso conlleve gestionar un malentendido, pasar un mal momento o expresar algún sentimiento menos agradable.

Pero de eso se trata: de ser real.

Y eso tiene consecuencias: terminas convirtiéndote en aquello que respiras de cerca.

Y, entonces, creces.
Por dentro.

Porque entiendes que la felicidad, en cierta medida, es el resultado de las personas que eliges tener cerca, de los espejos reales en los que te reflejas.

Ahí siempre será tu sitio.
Ese siempre será tu hogar.

Un amigo no es aquel que te dice
que eres importante, sino quien, además
y sobre todo, te lo demuestra.

ALGO QUE ESTOY APRENDIENDO con el tiempo es que resulta algo inútil y agotador querer recolocarlo todo de golpe.

El equilibrio requiere de amabilidad con tus tiempos.
De comprensión con lo que acontece.
De paciencia en los ritmos.
De compasión en los tropiezos.
De calma en los cambios.
De confianza en el proceso.

Dicen que lo urgente es enemigo de lo bueno.

Y es que la prisa, la autoexigencia y el querer las cosas ya, tal y como deseamos, suelen amontonarse a las puertas de una vida que, lejos de abrirse, se atasca y nos impide acceder a ella.

Supongo que nadie nos enseña que el fuego lento es el compañero de todo lo que sabe rico y, aunque mamá decía que el ingrediente secreto era *amor*, ahora entiendo que a lo que realmente ella se refería era a la paciencia.

Sin embargo, a veces se nos olvida.
Porque creemos que la incertidumbre, que aquello que no controlamos, es una nube negra que nos impide avanzar o ver más allá, cuando realmente es una oportunidad incómoda para mirar por dentro y regresar a una misma.
Y abrazar tu esencia.
Aquello que realmente eres y te mueve por dentro.

Por ello, si de algo estoy convencida es de que hay cosas que no se gastan con el uso:

Amor. Comprensión. Ternura. Calma. Paciencia. Confianza. Compasión.

Todas, realmente necesarias, se regeneran cuanto más las usas.

Úsalas. Con todos. Contigo.

LAMENTO DECIRTE QUE vida solo hay una y está justo aquí y ahora. No existen viajes al pasado y, aunque pueda parecer evidente, no está mal recordar que todo aquello que te ha ocurrido ya no puede suceder de una forma diferente.

Por mucho que le des vueltas a ese tema no vas a encontrar la respuesta que buscas, puesto que desde el bucle solemos ver la realidad distorsionada y la nitidez se torna inalcanzable.

Y sufres.
Claro que sufres.

Cuesta mucho aceptar que las cosas ocurran de un modo diferente al que nos gustaría, y entonces elegimos, en vano, la curiosa tendencia de luchar contra la realidad, porque creemos que quizá así vayamos a entenderla.

Pero lo cierto es que, en la vida, en más momentos de los que nos gustaría, es necesario avanzar sin entender qué ha pasado, el motivo por el que ha ocurrido y por qué a ti.

En ocasiones, la vida se entiende hacia atrás, justo cuando ha pasado el tiempo y la calma se posa en el recuerdo de lo acontecido. Pero de lo que estoy segura es de que siempre siempre se vive hacia adelante.

Y, para hacerlo con calidad, hay que hacerlo sin mirar atrás.

EL TIEMPO
a   v   a   n   z   a .

¿Y tú?

Nada es tan importante como prestar atención a aquello que ocurre fuera de la pantalla y dentro de una misma.

@caricias_emocionales

PERDÓNAME.

Por ponerte al final de la lista, por dudar de ti, por impo-
nerte una perfección inalcanzable, por no protegerte cuando lo necesitaste, por dejarte tratar mal por los demás.

Perdón por no haberte concedido el papel protagonista
y haberte dado un guion que no te pertenece, que con
hilos de autoexigencia te ha ido apretando el alma. Por
castigarte en momentos en los cuales necesitabas tu propio abrazo, por criticar el cuerpo que habitas y no hablarte bonito por dentro.

Por olvidar poco a poco que *autoestima* también es mar-
charse a tiempo de donde no te ven. Por aceptar migajas
cuando merecías un pastel; por intentar encajar donde
no era tu sitio ni tu talla. Por repetirte tantas veces que
podías hacerlo sola y confundirlo con amor propio. Por
invalidar tus sentimientos para ser aceptada y no hacer
ruido. Por olvidarte de ti y creer que no eres suficiente.

Perdón por hacerte sentir mal al dedicarte tiempo a ti
misma. Por no poner límites a los demás para evitar la
culpa o el rechazo. Por alejarme de ti para acercarme a
otras personas. Por callarme aquello que dolía o moles-
taba por dentro. Por bajarte el brillo y el volumen para
subírselo a otros.

Siento no haber dicho *adiós* antes a las personas que
dejaron de aportarte, haberte ayudado a sostener a quien
quería irse o a quien no te quería como te mereces. Sien-

to no haberte repetido en alto que tiene que ser recíproco y que, queriendo o sin querer, siempre habrá personas que te hagan daño y es necesario resguardarse.

Siento no haber celebrado cada logro alcanzado ni valorado todo aquello que te hace única, ni haber hecho eso que tanto querías en aquel momento por miedo al qué dirán. Siento no haber sabido silenciar las opiniones de los demás y entender que la actitud, las inseguridades y la felicidad de otros no son tu responsabilidad ni dependen de ti. No son culpa tuya.

Perdón por fallarte y no haberme dado cuenta antes. No tenía el aprendizaje que hoy tengo.

Me perdono y me abrazo.

Prometo cuidarme.
Prometo cuidarte.

AGRADEZCO TODO AQUELLO que me trajo hasta aquí: desde aquel tropiezo gracias al cual aprendí a mantener el equilibrio hasta el tiempo que me llevó darme cuenta de que cada persona tiene su proceso, su tiempo y su derecho a cuidarse.

Agradezco haber comprendido que las lágrimas no te hacen débil, sino que son una forma de que no se encharque el corazón de tristeza ni se oxiden tus latidos. Doy gracias a aquel desamor que me enseñó a abrir los ojos y a cerrar la herida. A la gota que colmó el vaso por vaciarme de todo aquello que me sobraba y dañaba, pero no alcanzaba a ver. A los miedos que, cuando me susurraban que no era capaz, me removieron lo suficiente como para dar el primer paso al frente. A esa etapa de mi vida en la que, sintiéndome perdida y sin brújula, logré reunir la valentía que no creía tener en mi interior.

Y, cómo no, me agradezco a mí misma.
Por no abandonar el camino nunca.
Por regalarme siempre una oportunidad.
Y otra.
Y otra.

Y todas las que fui necesitando para aprender aquello que, incluso sin yo saberlo, tenía pendiente y se mantenía como piedra en mi camino.

Agradezco las dificultades que fui encontrando, pues, de no ser por ellas, quizá hoy no estaría en este punto de mi vida.

Justo en el lugar adecuado.
Aquí, ahora, conmigo.
Sin soltarme de mi mano.

NO ERES TUS PENSAMIENTOS. NO ERES TUS PENSAMIENTOS.
NO ERES TUS PENSAMIENTOS. NO ERES TUS PENSAMIENTOS.
NO ERES TUS PENSAMIENTOS. NO ERES TUS PENSAMIENTOS.
NO ERES TUS PENSAMIENTOS. NO ERES TUS PENSAMIENTOS.
NO ERES TUS PENSAMIENTOS. NO ERES TUS PENSAMIENTOS.
NO ERES TUS PENSAMIENTOS. NO ERES TUS PENSAMIENTOS.
NO ERES TUS PENSAMIENTOS. NO ERES TUS PENSAMIENTOS.
NO ERES TUS PENSAMIENTOS. NO ERES TUS PENSAMIENTOS.
NO ERES TUS PENSAMIENTOS. NO ERES TUS PENSAMIENTOS.
NO ERES TUS PENSAMIENTOS. NO ERES TUS PENSAMIENTOS.
NO ERES TUS PENSAMIENTOS. NO ERES TUS PENSAMIENTOS.
NO ERES TUS PENSAMIENTOS. NO ERES TUS PENSAMIENTOS.
NO ERES TUS PENSAMIENTOS. NO ERES TUS PENSAMIENTOS.
NO ERES TUS PENSAMIENTOS. NO ERES TUS PENSAMIENTOS.
NO ERES TUS PENSAMIENTOS. NO ERES TUS PENSAMIENTOS.
NO ERES TUS PENSAMIENTOS. NO ERES TUS PENSAMIENTOS.
NO ERES TUS PENSAMIENTOS. NO ERES TUS PENSAMIENTOS.
NO ERES TUS PENSAMIENTOS. NO ERES TUS PENSAMIENTOS.
NO ERES TUS PENSAMIENTOS. NO ERES TUS PENSAMIENTOS.
NO ERES TUS PENSAMIENTOS. NO ERES TUS PENSAMIENTOS.
NO ERES TUS PENSAMIENTOS. NO ERES TUS PENSAMIENTOS.
NO ERES TUS PENSAMIENTOS. NO ERES TUS PENSAMIENTOS.
NO ERES TUS PENSAMIENTOS. NO ERES TUS PENSAMIENTOS.
NO ERES TUS PENSAMIENTOS. NO ERES TUS PENSAMIENTOS.
NO ERES TUS PENSAMIENTOS. NO ERES TUS PENSAMIENTOS.
NO ERES TUS PENSAMIENTOS. NO ERES TUS PENSAMIENTOS.
NO ERES TUS PENSAMIENTOS. NO ERES TUS PENSAMIENTOS.
NO ERES TUS PENSAMIENTOS. NO ERES TUS PENSAMIENTOS.
NO ERES TUS PENSAMIENTOS. NO ERES TUS PENSAMIENTOS.
NO ERES TUS PENSAMIENTOS. NO ERES TUS PENSAMIENTOS.
NO ERES TUS PENSAMIENTOS. NO ERES TUS PENSAMIENTOS.
Estás a salvo.

Siempre me pareció mágico el poder silencioso de las pequeñas cosas.

Un viaje. Una conversación honesta con tu amigo. Un atardecer. Un plan improvisado con los tuyos. El mar. Cantar canciones de hace años al grito previo de *temazo*. Jugar a ganar a las cartas aún sabiendo que el premio estaba enfrente de ti. La complicidad de un hecho, una palabra, una mirada. Hacer la misma broma de siempre y reírnos como la primera vez. Contar en alto anécdotas, inseguridades y sentimientos. El olor a café, piscina y barbacoa. Saltar sin pensarlo dos veces. Bailar en la calle. Hacer fotos sabiendo que los ojos que te miran lo hacen bien.

La magia de lo intangible, capaz de hacernos sentir por dentro.

Ahí está lo **extraordinario**:
en hacer de cada momento sencillo algo inolvidable.

Siempre me cuesta definir la felicidad, pero creo que ahora ya lo sé:

Felicidad es sentir la tranquilidad de estar en el lugar adecuado.

Felicidad es sentir la tranquilidad
de estar en el lugar adecuado.

@caricias_emocionales

Hoy REFLEXIONABA sobre las salas de espera.

Pero no sobre aquellas en las que esperamos porque sabemos que van a llamarnos, sino sobre aquellas más metafóricas: los lugares internos que creamos para esperar a otra persona. El *standby* de nuestra propia vida. Esas salas en las que aguardamos con la esperanza de que suene nuestro nombre y sea nuestro turno. Ese anhelado momento en el que otra persona nos llame o nos elija.

Esperar. Esperar. Esperar.
Incluso sin saber muy bien a qué.
Cuando nadie nos obligó a sentarnos.
Ni mucho menos a permanecer ahí.

Y, mientras tanto, casi sin darnos cuenta, nos vamos acomodando en la incomodidad que supone estar a la expectativa y en la ambivalencia del *quiero, pero sé que no debo*.

Pero ahí seguimos: esperando.
Maldito *y si…*, ¿verdad?

Resulta curioso cómo, aunque parezca paradójico, a veces es más sencillo aguantar la desidia de un modo pasivo que reunir la valentía necesaria para dar un portazo sin mirar atrás.

Sé que es difícil. Aceptar que algo no sale como te gustaría y cerrar una etapa duele y da miedo. Pero te prometo que no merece la pena sostener este sufrimiento innecesario cuando al otro lado no se escucha el sonido de la palabra *reciprocidad*.

Y es que una cuestión es acompasarse, tener paciencia y respeto con los ritmos de una persona, y otra bien diferente es adaptarse y ajustarse a ella, haciéndote pequeñita para encajar en algo que no eres.

Una surge del acompañamiento para sumar y crecer juntos. La otra desde la necesidad de amoldarse para ser elegida.

Nada que nazca en la carencia de una sala de espera lo hace desde el equilibrio, la igualdad y el cariño.

No mereces ser la duda de nadie.
Si tienes que esperar, no es el lugar.
Si tienes que esperar, no es el momento.
Si tienes que esperar, no es tu persona.

Sabes dónde está la salida. Te mereces la oportunidad de vivir a tu ritmo, sin prisa, sin pausa. Gira el pomo. Da un paso al frente. Despídete con cariño de ese tiempo en el que aguardaste de más. Perdónate por ello. Cierra la puerta. Con llave. Camina hacia delante.

Bienvenida.

Atte.
La vida.

Sigues siendo valiosa,
aunque alguien decida
no continuar a tu lado.

A VECES OCURRE que, tras el final de algunas situaciones y su merecido tiempo de reconstrucción, una se pregunta cómo pudo haber estado en ese lugar y cómo lo sostuvo durante tanto tiempo. No es de extrañar que sientas cierta tristeza al recordar el esfuerzo invertido en un momento vital que poco tiene que ver ya contigo.

Pero déjame decirte algo: no te culpes por no tener esa información por aquel entonces. Nuestros patrones y heridas emocionales eligen, en muchas ocasiones y sin darnos cuenta, por nosotras.

Aquello que en su día creías que era lo mejor para ti, probablemente lo era. En ese momento. Quizá era bueno para darte cuenta de algo. Y tal vez ese algo era la llave que te llevó más tarde a escoger mejor.

Por ello, estoy convencida de que solemos elegir el amor que creemos merecer. Y, a pesar de que trabajar el sentido del merecimiento es una tarea difícil, también sé que es un liberador y necesario camino hacia tu amor propio y, por ende, hacia cualquier tipo de amor que se manifieste en tu vida.

Que algo haya sido *siempre así* no significa que tenga que seguir siéndolo.

Estás a tiempo de aclarar tu mirada y dirigirla hacia ti misma con el convencimiento de merecer todo aquello que anhelas construir junto a alguien.

Mereces, sin lugar a dudas, un amor sano, **tranquilo** y que te haga crecer.

La mayor claustrofobia
no se manifiesta entre cuatro paredes,
sino debajo de la piel.

@caricias_emocionales

HAY DÍAS en los que no te entiendes a ti misma ni encuentras el ánimo y solo estás para ti. Para acurrucarte, darte mimos, alejarte del mundo y encontrar perspectiva en tu propio refugio personal.

Qué necesario es priorizarse y comprender que no puedes estar disponible para todos en todo momento.

Tu tiempo y espacio son importantes.
Lo entiendan los demás o no.

Tienes derecho a estar triste, a alejarte sin pedir permiso, a no responder al momento sin sentirte culpable, a llorar para desahogarte y a poner entre paréntesis tu mundo para reunir fuerzas.

En eso consiste transitar la tristeza: en dejar de evitar lo desagradable, abandonar la costumbre de tapar aquello que duele y escuchar lo que nos dice en voz baja nuestro interior.

Es agotador obligarse a cambiar los sentimientos incómodos.
Y tremendamente injusto para ti.

Dejarse sentir, al completo, es otra forma de quererse.
Vaciar el corazón y los ojos es otro modo de dejar espacio para los ratitos de felicidad.

¿Hace cuánto que no te dedicas tiempo de calidad a ti misma?

Elegirte, cuidarte y valorarte
no te hace egoísta,
sino responsable
con lo importante:
tú misma.

ANTES Y DESPUÉS son dos palabras que, a pesar de enseñarnos tras su paso, no nos pertenecen: lo único que tenemos, ahora, es nuestro *mientras tanto*. Dependiendo del uso que hagamos de él, estaremos más cerca de la felicidad, el equilibrio y la calidad de vida.

Solemos anhelar aquello que tuvimos y lo que no podemos tener: *cualquier tiempo pasado fue mejor* y *el futuro será diferente*, decimos. Queremos lo que nos falta, nos centramos en aquello que nos sobra y olvidamos vivir lo único que poseemos: el presente.

Por eso, te invito a vivir la vida como el único y mayor regalo que tienes hoy. Y a hacerlo contigo. Te invito a hacer tu parte para, presente a presente, tener un futuro, al menos, fruto de todas tus decisiones. Fruto de ti.

Venimos y nos vamos, sabemos cuál es nuestro destino y desde dónde partimos, pero se nos olvida que solo habitamos en el gerundio de la vida: mientras tanto.

NORMALMENTE, cuanto más vulnerable te sientes, todo lo que ocurre a tu alrededor te afecta con mayor intensidad.

Sin embargo, pasado un tiempo, aquello que un día te dolió, deja de hacerlo.

Quizá porque abriste los ojos.
Quizá porque te diste un tiempo.
Quizá porque te permitiste sentir aquello que te atravesaba por dentro.
Quizá porque decidiste soltar todo lo que no dependía de ti.
Quizá porque le diste la importancia adecuada a lo ocurrido o
quizá, y sobre todo, porque se la otorgaste a quien más la necesitaba en ese momento:

a ti misma.

Y entre quizá y quizá, paso a paso, llegaste a una gran certeza de la vida:
Con tiempo y perspectiva muchas de nuestras preocupaciones dejan de serlo.

Tranquila.
Respira.
Esto también pasará.

Como cuando tienes frío y, sin decirlo,
alguien te ofrece abrigo porque tienes
la piel erizada.
¿Reconoces esa sensación?

Ojalá así con todo aquello que no nos
atrevemos a decir y nos hiela por dentro.

@caricias_emocionales

Sı ALGO HE APRENDIDO a lo largo de los años es que no hace falta estar mal para querer sentirte mejor.

Que mirarse por dentro es una forma de crecer, de mejorar y de marcar un poquito más la huella que una persona deja en las vidas por las que transita.

Y, sobre todo, que escucharse y darse lo que una necesita es uno de los gestos más generosos de amor propio que podemos regalarnos.

Y no podemos hacerlo si no prestamos atención a todo aquello que nos remueve de esta vida.

Y, hasta nuevo aviso, solo tenemos una vida y una responsabilidad: vivirla en primera persona.

Ponerte por delante cuando es necesario abre las puertas de tu autoestima. Hacia adentro.

Situarte en primera fila te saca del banquillo de tu vida y te invita a jugar en ella.

Porque, a fin de cuentas, el amor propio es cuestión de prioridades.

Ponerte primero, darte importancia y otorgarte valor siempre será un acto revolucionario de responsabilidad afectiva.

CONTIGO MISMA.

En ocasiones, el impulso
tienes que dártelo tú misma.
Y eso cuesta.

@caricias_emocionales

RECUERDA todos esos momentos en los que creías que no podías más, los que pensabas que aquello que sucedió era lo peor que podía pasar o esas veces en las que pensaste lo injusto de tu dolor, de la situación o de la vida.

Y, ahora, para. Mírate y recuerda. Recuerda siempre de dónde vienes, dónde estás y quiénes te acompañaron. Incondicionalmente.

Y continúa.
A pesar de todo.

Continúa a tu ritmo, a tu manera, tal y como necesites. Con los pies en la tierra, el corazón a la izquierda y la cabeza, alta, en su sitio.

Recuerda que aquello que ayer te rompió es lo que hoy mueve tu valentía. Recuerda que un día caíste y, lejos de esconder o disimular la caída, supiste demostrar que nadie será capaz de tumbar a una persona dispuesta a levantarse, con más fuerza todavía, por su propio pie.

Y es que no existe nada más admirable que las personas que siempre siguen adelante, incluso cuando eso significa, a veces, parar durante un tiempo.

Para. Mírate. Recuerda.

De peores has salido:
eres irremediablemente fuerte.

No PODEMOS disfrutar del presente viviendo en el pasado.
Abandona ese lugar que ya no te pertenece.
¿Sabes dónde está la puerta?

La llave está dentro de ti.

Todo cambia cuando te centras
en aquello que quieres que ocurra
y no en todo lo que quieres evitar.

@caricias_emocionales

Los dos puntos más importantes de un camino no están al inicio y al final, sino en el primer paso al frente y en aquel que, por miedo, no te atreves a dar.

De la elección de los dos dependerá el resto del camino.

Y es que todos los pasos que des marcarán la diferencia. En ti y en el entorno. Incluso aquellos que no des por el motivo que sea.

Decidir y no decidir son dos decisiones importantes con resultados diferentes.

Y solo cuando haces uso de lo primero empiezan a ocurrir las historias que recordarás con una sonrisa cuando eches la vista atrás.

Cuando dudes, pierdas tu norte o tengas miedo recurre a responder a las **coordenadas** de vida: quién soy, dónde estoy, a donde voy y qué necesito.

Y, entonces, ocúpate de lo que te ocurre ahora, de lo que depende de ti, y dirige tus pasos hacia aquello que te mueve por dentro.

Lo único que te acerca a tus sueños no son tus buenas intenciones, sino los pasos que des en dirección a ellos. Con tus tropiezos, torpezas, pasos en falso o hacia atrás. Aunque no siempre vayas *en dirección a.*

Recuerda que la distancia más larga es aquella que no estás dispuesta a recorrer.

No lo olvides nunca: tú eres la **cruz** en el mapa.

Respira, confía, aprende, levanta y sigue.
te necesitas amable en la herida.

LA CANTIDAD DE VECES que pedimos perdón por puro convencionalismo y cuántas se nos olvida pedirlo por lo verdaderamente importante.

El perdón siempre lleva dos apellidos: una razón y una acción.

De nada sirve pedir perdón sin mirar hacia adentro. Sin hacer una ofrenda al autoconocimiento. Sin tener una intención de reparar la fisura. Y, por qué no, un gesto amable que acaricie el dolor.

Porque hasta la persona más maravillosa del mundo puede equivocarse y hacer daño sin querer. Y no pasa nada.

No es menos valiosa por ello
—al revés—.

Perdón por no haber estado ahí.
Perdón por haberte hablado mal.
Perdón por no haberte entendido.
Perdón por haber dado por hecho.
Perdón por no haberte preguntado.
Perdón por haberte juzgado.
Perdón por no haberte escuchado mejor.
Perdón, no me di cuenta de que eso podía hacerte daño.

No pidas perdón a los demás *sin querer*, hazlo queriendo. No pidas perdón *porque sí*, hazlo porque no existe mejor formar de honrar la conexión.

QUÉ RAROS se hacen esos días en los que tienes motivos para sentirte agradecida de la vida y, por el contrario, una especie de soledad te va minando la energía poco a poco en tu interior.

Y es que a veces partimos de una creencia cultural muy errónea y pensamos que nos falta algo si no tenemos pareja. Como si se tuviera un vacío que hay que rellenar con otra persona para sentirse entera.

Pero déjame recordarte algo: tú ya estás completa.

Sin embargo, como pensamos que algo no va bien dentro de nosotras debido a esta creencia, elegimos desde la carencia y no desde la consciencia. Y caemos una y otra vez en los mismos errores.

Recuerda que, si elegimos a las personas para no estar *solas*, cualquier compañía va a ser suficiente para ese fin.

No te hagas eso.

A menudo nuestro mayor error es que elegimos desde la carencia y no desde la *querencia.*

@caricias_emocionales

SERÉ BREVE: quien se queda cuando las cosas no van bien, puntúa doble.

Esas son las personas que merecen, literalmente, la pena. Las que se quedan en los malos momentos porque saben que, para las alegrías, vale cualquiera.

No es que valgan el doble, es que valen de verdad.

EXISTEN HISTORIAS QUE, da igual el lado por el que las miras, son incomprensibles. Es difícil encontrar la respuesta correcta, el comentario oportuno o la cura adecuada para ellas.

Por más que busques entre mensajes, promesas o recuerdos, no encuentras ninguna señal que avale algo tan incompresible como un rotundo e inesperado *no eres tú, soy yo,* como la desaparición, sin más, de aquella persona con la que tenías un vínculo.

Nadie es la misma persona tras vivir esa situación y sostenerla a lo largo de los días.

Una comienza a dudar de todo y, peor aún, de sí misma. *Algo falla en mí,* piensas.

Y dudas. Y te preguntas. Y te cuestionas. Y hasta te sientes culpable, porque es imposible entender algo tan inexplicable. Y es que, como mínimo, siempre se espera del otro cierta sensibilidad, empatía, educación. O, como ahora lo llaman, responsabilidad afectiva.

Pero no. A veces no ocurre. Y agrava el malestar, porque, aunque tú sepas cuánto vales, es inevitable que un trocito de ti se rompa, se debilite, se resienta. Y estés muy triste. Normal, joder. Al fin y al cabo, lo raro sería no estarlo.

Pero mírate: después de todo has aprendido algo. Ya no estás para salvar a nadie que no quiera ser salvado. Ni para darlo todo por alguien que no te ofrezca aquello que mereces. Ni para escuchar excusas, mentiras o presenciar huidas y adioses maquillados de *hasta luego*. No. Ya no estás para ratos, ratitos, momentos o días. Ni mucho menos, para cargar con las consecuencias de pasados ajenos.

Ahora estás contigo y lo apuestas todo a ti.
Entendiendo que solo el *poco a poco* es el aval del *t-o-d-o*.

Aquí estamos las valientes.
Fuera de cualquier sala de espera.
Al otro lado del miedo.

Hay muchas cosas que no dependen de ti.
Asume la parte que te corresponde y toma
las riendas de aquello que te pertenece:
mueve tus propios hilos de libertad.

DICEN QUE detrás de los comportamientos de algunos adultos existen heridas de la infancia que tienen eco en la estela de sus pasos. Y es entonces cuando empezamos a justificar actitudes o a normalizar un puñado de conceptos que distan del amor y los vínculos que nos hacen crecer.

Cuán trileros podemos llegar a ser con nosotros mismos con tal de no mirarnos al espejo y reconocer que quizá necesitemos ayuda.

Sin embargo, cada día tengo más claro que en mi vida quiero cerca a personas que estén en constante autoconocimiento y que tengan la valentía de acurrucar sus heridas para que afecten lo menos posible a quienes tienen cerca.

Porque la infancia pasada no justifica la inmadurez presente.
Y haber sufrido y transitado por malas etapas no significa que hayamos aprendido. Porque hay que ser muy valiente para escuchar al dolor.
Y no todo el mundo es capaz de quedarse a solas con él.

La cantidad de cosas que hacemos con tal de no afrontar nuestras heridas.
Y el daño que hacemos con nuestros cristales rotos.
Con tal de no mirarnos por dentro.

Aceptar una aparente derrota
es el inicio de una clara victoria.

QUIERO QUERER a quien yo quiera. Que la libertad de elegir sea la única opción y que haya tantas opciones como personas existen.

Que cualquier género sea el adecuado por el simple hecho de existir y estar vivos.

Sin la cárcel de la mirada ajena ni la culpa de deseo de ser libre.

Quiero besar unos labios, acariciar una piel y abrazar a una persona sin esconderme.

Quiero escuchar aquello que siento sin el peso de la vergüenza.

Quiero que se me acelere el corazón cuando alguien me erice la piel y no al sentir pavor por el *qué dirán* por ser yo misma.

Quiero ser visible y levantar la cabeza del orgullo de quien tiene claro que, aunque no sea tarea fácil, sabe amar y ser amada.

Quiero que señalar implique resaltar la belleza y diversidad del amor y no la diferencia que marcan los valores de aquellos que no ven más allá de su ombligo.

Quiero desear y amar como decisión íntima y personal y no como duda ética y moral.

Quiero que mi corazón sea propiedad privada y que las únicas llaves que abran sus puertas sean la empatía, la aceptación incondicional y la alegría.

Quiero, en definitiva, querer a quien yo quiera.

Que cada ser humano tenga el poder de decisión sobre su identidad, sexualidad y lucha.

Y quiero, por encima de todo, ser valiente en la vida y libre en el amor.

A VECES HAY QUE ALEJARSE de personas y lugares, no tanto para valorar lo que tenías, sino para valorar aquello que no.

Y, con perspectiva, darte cuenta de aquello que mereces.

Y, con cariño, obsequiarte con una nueva oportunidad.

Y, de una vez por todas, priorizarte, cuidarte y respetarte, no como gesto de egoísmo, sino de amor propio.

Y así, no olvidar nunca lo importante:

Jamás alejarte de ti.

No eres exigente:
solo le estás pidiendo
a la persona equivocada.

@caricias_emocionales

No siempre podrás con todo (y no pasa nada). Pero sí con más de aquello que imaginas.

ERES CAPAZ. ERES CAPAZ. ERES CAPAZ. ERES CAPAZ. ERES CAPAZ.
ERES CAPAZ. ERES CAPAZ. ERES CAPAZ. ERES CAPAZ. ERES CAPAZ.
ERES CAPAZ. ERES CAPAZ. ERES CAPAZ. ERES CAPAZ. ERES CAPAZ.
ERES CAPAZ. ERES CAPAZ. ERES CAPAZ. ERES CAPAZ. ERES CAPAZ.
ERES CAPAZ. ERES CAPAZ. ERES CAPAZ. ERES CAPAZ. ERES CAPAZ.
ERES CAPAZ. ERES CAPAZ. ERES CAPAZ. ERES CAPAZ. ERES CAPAZ.
ERES CAPAZ. ERES CAPAZ. ERES CAPAZ. ERES CAPAZ. ERES CAPAZ.
ERES CAPAZ. ERES CAPAZ. ERES CAPAZ. ERES CAPAZ. ERES CAPAZ.
ERES CAPAZ. ERES CAPAZ. ERES CAPAZ. ERES CAPAZ. ERES CAPAZ.
ERES CAPAZ. ERES CAPAZ. ERES CAPAZ. ERES CAPAZ. ERES CAPAZ.
ERES CAPAZ. ERES CAPAZ. ERES CAPAZ. ERES CAPAZ. ERES CAPAZ.
ERES CAPAZ. ERES CAPAZ. ERES CAPAZ. ERES CAPAZ. ERES CAPAZ.
ERES CAPAZ. ERES CAPAZ. ERES CAPAZ. ERES CAPAZ. ERES CAPAZ.
ERES CAPAZ. ERES CAPAZ. ERES CAPAZ. ERES CAPAZ. ERES CAPAZ.
ERES CAPAZ. ERES CAPAZ. ERES CAPAZ. ERES CAPAZ. ERES CAPAZ.
ERES CAPAZ. ERES CAPAZ. ERES CAPAZ. ERES CAPAZ. ERES CAPAZ.
ERES CAPAZ. ERES CAPAZ. ERES CAPAZ. ERES CAPAZ. ERES CAPAZ.
ERES CAPAZ. ERES CAPAZ. ERES CAPAZ. ERES CAPAZ. ERES CAPAZ.
ERES CAPAZ. ERES CAPAZ. ERES CAPAZ. ERES CAPAZ. ERES CAPAZ.
ERES CAPAZ. ERES CAPAZ. ERES CAPAZ. ERES CAPAZ. ERES CAPAZ.
ERES CAPAZ. ERES CAPAZ. ERES CAPAZ. ERES CAPAZ. ERES CAPAZ.
ERES CAPAZ. ERES CAPAZ. ERES CAPAZ. ERES CAPAZ. ERES CAPAZ.
ERES CAPAZ. ERES CAPAZ. ERES CAPAZ. ERES CAPAZ. ERES CAPAZ.
ERES CAPAZ. ERES CAPAZ. ERES CAPAZ. ERES CAPAZ. ERES CAPAZ.
ERES CAPAZ. ERES CAPAZ. ERES CAPAZ. ERES CAPAZ. ERES CAPAZ.
ERES CAPAZ.

ERES UNA PERSONA c a p a z.

Capaz de atreverse, de ser valiente, de equivocarse, de rectificar, de seguir intentándolo, de aprender de aquello que le ocurre, de mantener la calma, de reinventarse y de hacerse a sí misma en cada golpe. Una persona capaz de aceptar y mostrar su **vulnerabilidad**. Y entender que no es más fuerte el que más fuerza tiene, sino el que mayor flexibilidad posee.

HOLA, PEQUEÑA:

Hace años que no hablamos. Por aquí, al fin, las cosas van bien. Aunque he llegado a entender que la vida va de ir encontrando el equilibro entre una cosa y otra, y que se puede ser feliz incluso cuando hay algún problema que resolver. Quiero compartir contigo tantos aprendizajes que no sé por dónde empezar sin adelantarte mucho del futuro que te espera.

Hay cosas que nos siguen gustando y que no cambian, como, por ejemplo, aquello que aprendiste sobre intentar dejarlo todo mejor de lo que lo encontraste: lugares, vidas y personas.

Sin embargo, habrá situaciones que no podrás evitar y quizá la parte más complicada sea aceptar que existe una infinidad de circunstancias que no dependen de ti. Por ejemplo, el hecho de que algunas personas te hagan daño. Te costará tiempo entender que no se porten bien contigo, pero también lograrás comprender que lo más doloroso del daño a veces no es quien lo hace, sino quien lo permite. Necesitarás más de un golpe bajo para aprender que lo más difícil de todo no es lo que te ocurre, sino cómo afrontas y encajas aquello que te sucede. Incluso llegará el día en que agradecerás el paso por tu vida de algunas personas que hirieron, porque te ayudaron a valorar y a proteger las buenas formas que hay en ti y a diferenciar quién merece la pena conservar cerca.

Tendrás siempre presentes tus raíces y valores cuando atravieses una tormenta: porque aquello que no te mata, no sé si te hará más fuerte, pero sí más humana.

También van a romperte el corazón en tantos pedazos que dejarás de sentir sus latidos durante un tiempo. Pero lo que en apariencia puede parecer doloroso, se convertirá en tu punto de inflexión: aprenderás tanto de ti misma al estar a solas contigo que te convertirás en una mujer diferente. Tan distinta que te cambiará la mirada y a partir de entonces elegirás a personas bonitas que te mirarán a la misma altura de tu corazón. Y serás muy feliz descubriendo cuánto cambia el mundo cuando descubres lo que vales. Sabrás proteger tu amor propio con tanta fuerza como el esfuerzo que te costó alcanzarlo. Y te dejarás cuidar por las personas que han estado y estarán siempre cuando no hagas pie en ti misma: tu familia y tus amigos.

Beberás del agua que prometiste no beber. Caminarás caminos que dijiste que jamás transitarías. Pero te dejarás sorprender y te conocerás en cada uno de ellos, aceptando cada etapa como algo necesario y un escalón más de todo el aprendizaje que tendrás por delante. Además, conseguirás tener paciencia, humildad y aceptación para soportar que muchas cosas no vayan a salir como esperas y que, por el contrario, otras te lleven mucho tiempo y esfuerzo. No van a regalarte ninguno de tus logros, pero serás una mujer constante, luchadora y defensora de tus sueños. Y, aunque querrás hacerlo en muchas ocasiones, jamás tirarás la toalla con aquello en lo que creas de corazón.

Seguirás contemplando con admiración todo lo cotidiano y la belleza de las pequeñas cosas, y entenderás el reto que supone mirar la vida con ojos de primeras veces a medida que te haces mayor. Jamás perderás la ilusión y tu sensibilidad. Ni tu insaciable capacidad de reinventarte y empezar de nuevo. Vas a necesitar apoyarte mucho en ella. Y también en los demás: seguirás mostrando fortaleza incluso cuando te tiemble la vida por dentro, pero sacarás lo mejor de ti en momentos de adversidad. Y, aunque te costará un poquito, pedirás ayuda. Porque existen sentimientos que son invisibles, pero se cuelan en tu interior echando raíces silenciosas. Y saldrás adelante. Como siempre, pequeña guerrera.

Dejarás de perder el tiempo en luchas ajenas y batallas por tener la razón o justificarte. Aprenderás que el *y tú más* en un conflicto jamás será un hilo que te acerque ni a la persona ni a la solución, sino más bien un hilo que, lejos de unir, ata. Al ego. Dejará de ser difícil pedir perdón a los demás y priorizar la armonía a través de la compasión. Aunque te costará un poquito más contigo misma.

Y es que el juicio propio será más atroz que el ajeno. Será demoledor, traicionero y huraño. Y además te costará salir ilesa de aquello que la sociedad espera de ti. Sobre todo, a cierta edad. Pero no te apures, recuerda que todo se acomoda y que, aunque tendrás alguna que otra crisis vital, entenderás que lo importante es estar viva y llegar a tiempo a aquello que te hace feliz. No te niegues nunca eso, porque, a pesar de la inevitable manía de compararte y medirte en metros ajenos, la vida te enseñará que solo existe una forma de vivirla con amor: siempre en primera persona.

Y, cómo no, la mayor deuda la tendrás contigo misma, pequeña. Hacer las paces entre nosotras no va a ser tarea fácil, y quiero que sepas que a día de hoy me sigue costando. Pero te confieso que jamás dejaré de intentarlo. Jamás te soltaré la mano. Jamás voy a dejar de honrar tus sueños, de cuidarte, de protegerte y de confiar en nosotras.

Porque, aunque tus cicatrices van a delatarte, siempre serás ella:

La chica de la valentía infinita.

Me encanta la mujer que veo a través del espejo.
Cada día me siento más cerca de mí.

Bienvenida a casa, amiga.

Estoy orgullosa de ti.
Estoy orgullosa de nosotras.

Este libro
se terminó de imprimir
en el mes
de enero de 2023